GES BUCH
夏休み日記

七月六日 土曜 晴れ

今朝はとても家中に何か違った空気がみなぎってゐる 昨日いとこの兄が上海から ふく員で歸って來られたので私も何か嬉しい気持でいっぱいだ。

朝 いとこの哲兄さんと一しょに レコードをかけたりピアノを彈いたりして過したお兄様は シューマンのカナバルを熱心に彈かれる。 私も負けてはならぬと お晝からもずっと エチュードをさらってゐた。

今日はすばらしく大きなかつをを自由はく賣で買って來て久し振りに おつくりや魚のメンチボールを作って お夕飯をにぎはした。 それから 朝 母と弟が吉祥寺へ行って 山村さんのおばさまお手製の私の指輪を持って歸って下さった。

七月七日 日曜 晴

昨夜二時頃迄起きて弟のブラウスを縫ったので今朝は十時前に起きた。
朝ピアノの練習
晝 弟とホットケーキの代用食を燒いてゐたり小西さんの姉妹がおけい古にゐらした。
明日は嬉しい。保ヶ谷の和子おねえ様のところへ行って色々空襲のお話を聞くのだ。
夕方エチュードの黒けんのをさらったすっかりくずれて四番と五番は大変だ。
又これから明日着て行くスカートのすそぐけだ。

TA
Fuyito.O

I went to 床屋 with my brother.

三十一日（水）　雨後晴

今日晝からピアノをすまして弟と床屋へ行きました。

弟が刈込みにするのにはづかしいので私が言ってやらねばなりませんので……。弟の鏡の中の顔ったらありません。すっかりドギマギして、下ばかり向いて、床屋さんが向ふへ行くと、そっと鏡をのぞいてゐます。でもとても可愛くなりました。

明日は桑さんへ行くのにすっかり風邪をひいて残念……。バッグのアプリケも大分出来た。夜すっかり頭痛くなってピアノをしないで早くねました。

I went to school
in the morning.

二十日　火　雨。
今朝事務室に用事があって學校へ行く。電車がおくれたので行ったらぎり〳〵でした。事務には又あさって來てくれと言はれ今井先生もおいでにならないので渋谷で種や本を買ひました。途中で岡田さんや竹内さんに会ひました。明日プールへ行く約束をしました。でも水虫がなほらないと母が許してくれませんので　つまりません。
夕べ宗雄お兄様が大阪へお歸りになるので頂いたすいかを切って、一切づゝ頂きました。とてもあまくて、皮のまぎは迄がり〳〵がり〳〵かぢって母に叱られました。
夜ピアノをした。

フジコ・ヘミング14歳の夏休み絵日記

口絵／原寸大の絵日記。水彩等で描かれた、手づくりの製本。表紙には「TAGES BUCH（ターゲス・ブーフ）」の文字。TAGEBUCH（ターゲブーフ）は、ドイツ語で日記帳。

はじめに

この絵日記を見つけたのは、東京の家で探し物をしていたときでした。毎年のように書いていた大量の日記が、ぼろぼろの状態で出てきたのです。これは、その中でいちばんよく描けているものです。

1946年の夏休み。私は青山学院高等女学部の2年生でした。

私は日本の学校教育の、すぐに答えを出せ、というやり方が苦手で、授業でもうまく答えられませんでした。私はバカじゃない。絵も文章も書ける。それを見せたくて、宿題でもないのに一生懸命描いたのが、この絵日記です。

食べもののことばかり書いてあります。あのころ、弟とふたり、いつもおなかをすかせて、食べることしか考えていませんでした。栄養失調でしょっちゅう頭痛や腹痛、水虫に悩まされました。

私が5歳のころ、父が祖国・スウェーデンに帰国させられたので、母は私の同級生をはじめ、あちこちでピアノを教えながら、野菜をもらってきたり、夜なべしてブラウスや水着を縫ったりして、必死で私たちを育てました。
戦争中、東京で空襲が激しくなって、私たちは岡山に疎開しました。終戦で帰ってきたときには、疎開前に住んでいた渋谷の家は焼けてしまっていて、三鷹台にある伯母の家に身を寄せました。玉川上水が近くを流れる大きな庭のある日本家屋で、いろいろな人が出入りしていました。焼け出された友達も、みんな泊まっていくくらい大きな家でした。この絵日記は、そこで描いたものです。

この絵日記をめくると、蘇ります。
幸せが何かも知らず、憧れ、ときめき、夢見た、14歳のあの夏が。

ながらへば　またこのごろや　しのばれむ
憂しと見し世ぞ　今は恋しき

藤原清輔朝臣

フジコ・ヘミング14歳の夏休み絵日記　もくじ

ブックデザイン　若山嘉代子 L'espace

フジコ・ヘミング14歳の夏休み絵日記

七月六日　土曜　晴れ

今朝はとても家中に　何か違った空氣がみなぎってゐる。昨日いとこの兄が　上海からふく員で歸って來られたので　私も何か嬉しい氣持で一ぱいだ。

朝　いとこの哲兄さんと一しょに　レコードをかけたりピアノを彈いたりして過した。

お兄様はシューマンのカナバル*を熱心に彈かれる。私も負けてはならぬと　お晝からもずっとエチュード*をさらってゐた。

今日はすばらしく大きなかつをを自由はん賣で買って來て　久し振りにおつくりや魚のメンチボールを作って　お夕飯をにぎはした。それから朝　母と弟が吉祥寺へ行って　山村さんのおばさまお手製の　私の指輪を持って歸って下さった。

*カナバル…Carnaval『謝肉祭』作品9。シューマン作曲、ピアノ曲集。

*エチュード…ショパン作曲、ピアノのための練習曲のこと。

七月七日　日曜　晴

昨夜二時頃迄起きて　弟のブラウスを縫ったので　今朝は十時前に起きた。
朝　ピアノの練習。
晝(ひる)　弟とホットケーキの代用食を焼(や)いてゐたら小西さんの姉妹がおけい古にゐらした。
明日は嬉しい。保土ヶ谷の和子おねえ様のところへ行って　色々空襲のお話を聞くのだ。
夕方　エチュードの黑けん(*こっ)のをさらった。すっかりくずれて四番*と五番*は大変だ。
又これから　明日着て行くスカートのすそぐけ*だ。

＊黑けん、五番…エチュード第5番『黒鍵』変ト長調。右手による主旋律の多くが黒鍵によって演奏される。
＊四番…エチュード第4番　嬰(えい)ハ短調。
＊すそぐけ…すその縫い目が表に見えないように縫うこと。

七月八日　月　雨

今日　保土ヶ谷の堀江さんのお家へ行く筈でしたのに　ドシャブリでだめになり　いゝようなつまんない様な　変ににえきらぬ思ひである。

夕方　母が弟のブラウスにミシンをかけてゐるので　私のしつけしたハンケチ二枚を　ミシンにかけて頂きとても嬉しい。一枚の方の　丹念に糸を入れた方は小さいので　銀の一りんざしの下に敷く。

夜　ピアノ十一時すぎ迄。後　たまごやさんの子にあげるお人形をつくる。母は　水色の絹布で私のブラウスをこしらへて下さり　床についたが　二時頃でねむかった。

七月九日　火　晴

今朝　みかんとさけのかんづめを配給所にとりに行く。道がぬる〳〵で　すべってころんではらわたがねぢくれた様になり　朝の中床についた。そんなに痛むのではないが　シク〳〵と氣持が悪い。
加藤さんが來られるかと思って待ってゐたらおけい古に來られなかった。
今日はムシ暑くて　本当にピアノの前に坐って彈くのがいやで仕様がない。
夕方　ピアノのおほ廣間の電氣も　アップライトのピアノの部屋の電氣も消えたので　今日は暑くていやな時　幸ひ夜の練習は出來ぬと喜んでしまひ　お人形を仕上げてねた。

七月十日　水　晴

朝からむし〳〵と暑い日だ。

今日は終業式で驛迄行ったが　昨日のおなかのシク〳〵するのが始って　氣味が悪いので家へかへって靜かにしてゐた。

お晝前　坂本百大さんが　飴の素でふくらますおいしいパンをおしへに來て下さってゐた。

母は晝から埼玉県へおしへに行った。

本当に暑いのには弱る。ピアノを弾いてゐても指の間が汗でクッツいてひきにくい。あゝアイスクリームや氷が食べたいとつく〴〵思ふけれど　それも今は空しい事でなさけない。

今日は晝も夜も　庭で作った新ジャガでおいしい。

夜ねてゐたら　母がリュックに大里さんにお中元に頂いたオジャガ二貫目*を持ってお歸りになり　嬉しかった。


*貫目…貫。1貫＝3・75kg。

七月十一日　木　晴

今日も夏らしい暑い朝である。

朝　涼しい中(うち)にピアノにむかったが　何の〳〵むん〳〵して一つもうまく弾(ひ)けぬ。

朝の御食事は　大里さんのジャガ芋をすってメリケン粉と一しょに天ぴで焼(や)いた　ドイツの〝カットフルプルファー〟*。とてもおいしくて　シャケのかんづめも開けて晝(ひる)の分まで食べてしまった。

晝の温度は三十一度だった。

母は　桑さんへおしへに行った。

夕方　雷が鳴って弱い夕立が降った。夕飯はイーストの入ったパンでした。初めて本式のパンみたいな味がしたので　とてもおいしかった。

夜　二日分の日記を書く。

＊カットフルプルファー…カルトッフェルプッファー。ドイツの家庭料理で、ジャガイモのパンケーキ。

~~I went to~~
I visited to my friends
with my mother
in the evning.
シッバイノマキ

七月十二日　金　晴

今日は原田さんのところと早川さんのところへ行くので　朝の中（うち）　ピアノを練習してゐた。家を出る前　午後三時に夕立があって　すごいドシャブリで止めやうかと思ったが　止んだので行く。

澁谷（しぶや）でお母様に涙をのまして　白い　運動靴を買って頂いた。かねてからの約束がかなったので　嬉しくて仕様がない。原田さんの家は今度は小ぎれいに片づけられた三間の社宅で　ピアノは玄関の板の間に置いてあり　昔からある大きなフランスのお人形も相変わらず元氣（げんき）でピアノの上に坐ってゐる。今日はおけい古をしなかったが　カタクリ粉とおかきのお三時を頂いてからエチュードとワルツ*を弾（ひ）いた。

お夕飯もよんで頂いて　とてもたのしかった。

その後でとなり組で音樂（おんがく）の好きだと言ふ　おばさんが聞きにいらしたので　又エチュードを九つ弾いた。

まっくらになって原田さんをおいとまして　多摩川の早川さんへ行った。別そうなので日本館だった。

おば様にとても美しい　ピンクのイギリスのハンカチを頂く。

マリ子ちゃんがおけい古しておられ　又私が弾かされた。

ピアノが狂ってゐて　うまく弾けなかった。

おば様が「ふじ子ちゃんが獨奏（どくそう）する時に　私がドレスを作って上げますワネ」とおっしゃったので　とても嬉しかった。

マリ子ちゃんのお家を出たのが十時でしたので　澁谷からは帝都線*がなくなってゐたので　省線*で吉祥寺迄行き　それから人に聞き〳〵　月の光で明るい道を三鷹台迄　歩いて歸（かえ）った。

たのしい〳〵日でした。

*ワルツ…3拍子の舞曲。ここではショパンによる曲。
*帝都線…現在の井の頭線。
*省線…現在のＪＲに相当。

七月十三日　土　晴

今日は庭に大きな白百合が七つ八つ花を咲かせて　美しい香をたゞよはせてゐた。
今日は一日中ほとんど　ピアノの前にゐた。
ちょっと本箱につるすカーテンを*くけたり　*しゅろの葉ッパで　*はいたゝきをこしらへたりしたが　夕飯は　私と弟でおいしいライスカレーを作った。
今朝　全部計って見たら　汗を流して作った馬鈴薯は　二百*匁（もんめ）程植えたのが十貫目程とれて實（じつ）に何十ばいにふえたので　母子共大喜びで久し振りの肉無しのライスカレーは　おいしかった‼

*くける…絎（く）ける。縫い目が表に見えないように縫うこと。
*しゅろ…棕櫚。ヤシ科の常緑高木。
*はいたゝき…蠅たたき。
*匁…1匁＝3・75g。

七月十四日　日　晴

今朝　加藤さんがおけい古にいらした。
學校（がっこう）で運動靴の配給があった事を聞き　大喜びではね廻る。
その後で家中總出（そうで）で大掃除をした。
今日はおひがんなので　お母様が　桑さんが下さった少しの*サッカリンで　おはぎを作って下さる事になりました。
出來（でき）ると　お母様は始めから「おいしくない〳〵」とおっしゃるので　弟と二人で　ひき受けて　久しぶりに甘いおはぎをたくさん頂いた。
もっとも　あまり甘くはないのですけれど。

*サッカリン…人工甘味料。砂糖が不足すると広く普及した。

芝生の庭に咲いた姫百合は
何てまあ美しい香でせう。

食堂の前にかたまって植えたグラヂオラスに
赤いきれいな花が知きました

いちじくのみも。まうすぐ色づく
でせう 毎く見てゐます

七月十五日　月　晴レ

今日もむし器の中にゐる様に暑い日です。朝の中ピアノ。お兄さまに*〝前やった曲を忘れては音楽家になれない〞と言はれて　あわをふきました。

だって疎開でろくにしなかったんですもの。

お晝御飯の母の作ったコッペは　ものすごくおいしくて弟も私も大喜びです。

晝から又ピアノをして　後　草取をした。

たうもろこしと　あづきの畠が草ボウです。

母がゐないからわからないくせに　なまいきに二人でおしっこをためたのをかけてゐると　弟が急に思ひ出して「おしっこをかけると　あづきのはながおっこちるって　お百姓さんが言ったよ」と言はれて　びっくりして止めました。

＊お兄さま…従兄の哲兄さんのこと。

七月十六日　火　晴

今朝早く起きて　弟と二人で朝御飯におジャガをゆでた。もうあき〳〵してゐたけれど　サラダにするにも外の野菜があいにく無くなってゐたので　めんどうくさいから一番のはや道をした。

お晝前に　弟と一しょに　學校へ行く。

弟は疎開から歸って以來　一度も　青山の燒けあとへ行かなかったので　連れて行った。

もう先生がいらっしゃらないので　初等科を一廻りして歸る。弟は自分の去年の四月迄行ってゐた學校なのでいささか　なつかしさうだ。

まったくあの電車の込み様で　愛する緑岡*から田舎のボロ學校へ移った弟も　可哀想ミタイ……。

その學校の名も名「三鷹第一ボロ學校‼　机にもたれてシラミとり‼」

*緑岡…緑岡小学校。現在の青山学院初等部。

七月十七日 水、 晴レ
今日は別に何事も
ありませんでしたが
荒木さんがおけいこにいらし
て帰りに紙包の四角い物
を下さいました 母はてっきり
バターだと思ひ込み 嬉れ
しやと思って明かるい顔で
開けたら 黒い様な色を
した。。。。。。魚の香のする
洗たく石ケンでした。。

十八日 木 晴レ
今朝二疊の部屋お大掃除
した。 臼井さんから 始め
て手紙が来て大喜び!!
夜机に向っても 金ブン〳〵
が来て 仕様がない
ふすまに 緑や銀や 肌色の
蛾が止って 美しい。

十九日　金　晴レ

今朝　母が皆森支で頂いて歸ったパンで朝食をすます。母があまり畠にねっこしく過ぎお陰様で晝食が四時!!くた〳〵で歸った。

いとこの本箱からミッチェルの「風と共に去りぬ」を見つけた。早くこんな本を讀む年になりたいなあ　と思った。ウッかり知らないで讀むと母に取り上げられると大変。

"風と共に去りぬ"

七月十七日　水　晴レ

今日は　別に　何事もありませんでしたが　荒木さんがおけい古にいらして　歸りに紙包みの四角い物を下さいました。
母はてっきりバターだと思ひ込み　嬉しやと思って明るい顔で開けたら　黒い様な色をした魚の香りのする　洗たく石ケン　でした。

十八日　木　晴レ

今朝　二疊の部屋を大掃除した。臼井さんから初めて手紙が來て大喜び‼
夜　机に向っても金ブン〳〵が來て仕様がない。
ふすまに　緑や銀や肌色の蛾が止って　美しい。

十九日　金　晴レ

今朝　母が昨日　桑さんで頂いて歸ったパンで朝食をすます。
母があまり　畠にねっしん過ぎ　お陰様で晝食が四時‼　くた〳〵で弱った。
いとこの本箱から　ミッチェルの「風と共に去りぬ」を見つけた。
早くこんな本を讀む年になりたいなあ　と思った。
ウッかり知らないで讀むと　母に取り上げられると大変。

あのころの暮らし

三鷹台の伯母の家の庭で。
右からフジコ、伯母、母、弟ウルフ、親戚と従兄たち。

――幼いころ

母、大月投網子(とあこ)は1920年代にドイツにピアノ留学をして、ベルリンで知り合ったロシア系スウェーデン人の画家と恋に落ちて結婚しました。それが父、ジョスタ・ゲオルギー・ヘミング。二人はアパートを借りて暮らし、やがて私が生まれました。

私が生まれた後、日本に帰ってきて、父は英字新聞で風刺画を描いたりしていました。でも、お金にはならなかったようで、母には「子どもを画家にだけはするな」といっていたそうです。父はもの静かでしたが、気の強い母とけんかが絶えず、しょっちゅう母の金切り声が聞こえていました。

そのうち戦争が起きて、私が5歳のとき、父は祖国に帰されました。「必ず、迎えにくる」という言葉を残して。

父からはたまに電話がかかってきて、弟と取り合うように受話器を握りました。でも、二度と会うことはなかった。

母は毎日あちこちにピアノを教えにいったり、お弟子さんに来てもらったり、必死でお金を稼ぎながら私と弟・ウルフを育てました。大阪の実家から毎月仕送りもしてもらっていました。

日記の中で時々「富治子」って書いているのは、占い師がこれにすれば幸せになるといって、しばらく使っていたからです。だけど、数年で嫌いになって、「フジコ」に戻しました。

小学校は創立されて間もない緑岡小学校(現・青山学院初等部)に入りました。クリスチャンの学校だから私たちがいじめられずにすむだろう、という配慮もあったようです。

でも、学校帰りには渋谷の坂の上で待ち伏せしている子どもがいて、石をぶつけられることもありました。

「外人!」

「異人!」

もちろん、学校にはそんなことをいう生徒はひとりもいません。いじめなんてなかったし、戦争が始まっても先生方は親切でした。「戦争反対」なんていう先生もいたくらい。英国人、中国人の生徒もいて、校長の米山梅吉先生は、学校に来ると私たち「外人」の頭を順番に撫でてくれました。

「人にされていやなことは、自分も人にしない」

校長先生はいつもそう仰っていました。本当にそう思います。それだけやっていれば、戦争なんて起きない。

そのころ、私たちは渋谷に家を借りて暮らしていました。古い日本家屋で、風がサーッと吹き抜ける家。庭にはアオキや楓、桐の木があって、風が吹くと、屋根や樋（とい）がコトコトコト……と音を立てる。私はその音を聴くのが好きでした。雨が降ると、ポタポタポタ……という音がして、ものの哀れを感じたものです。

雨降りの音を聴いたり、桜が散るのを眺めたり。小さなころからメランコリックな空想にふけるのが好きな子どもでした。

お隣は、化粧品の中山太陽堂の社長の家。よく御用聞きに来る乾物屋さんも近くにある場所でした。

疎開先の岡山で

青山学院初等部を卒業したころ、疎開しました。「ハーフ」というだけで「敵国人」と思われて、食べものの配給ももらえなかったりしたからです。飼っていた犬も猫も殺されました。

疎開先は岡山。私の祖父は故郷の岡山に愛想をつかして大阪に出て、「大月インキ」という会社を興した人で、戦争中は祖母も親戚も岡山に疎開しました。引っ越したのが１９４５年４月。５月には、渋谷の家は空襲ですっかり焼けてしまいました。

青山学院でも岡山の女学校でもやらされたのは、勉強よりもなぎなたの稽古。「なぎなたで敵のハラワタを抉り取る方法」なんていう授業もありました。「エーイッ！」ってすごい声を出してやるのです。

「負けたら女学生はみんな刺し違えて死ぬんだ」とも教わりました。私はいやでした。刺し違えるなんて。「鬼畜米英」なんて言葉があったけれど、鬼畜なわけがないと思っていました。

私は洋服の組み合わせを考えたり、髪にリボンをつけたりするのが好きでした。ある日、学校につけていったら、先生が「なんだこれは！二度とつけてくるな！」とリボンを引き抜いた。それから学校に行かなくなりました。先生が、というより、そういう戦争の雰囲気が怖くて。

そのころは、味噌汁の具にも困るほど、食べるものがありませんでした。よく具にしていたのは、お茶がら。少しビタミンが残っているから、なんていって。飲み込むと、舌にざらっと茶柱があたる。なんとも悲しい味噌汁でした。

たんぱく質といえば大豆。炒り大豆を少しずつよくかんで食べるのです。出かけるときはお弁当代わり。ある日、炒り大豆を食べながら歩いていたら、兵隊さんが二人「お嬢ちゃん、炒り豆ちょうだい」って近づいてきたことがあります。分けてあげると、ひとりが「この人、宝塚の偉いダンスの先生なんだよ」なんていって、「明日もちょうだい」って。次の日も、持っていってあげました。そのくらい兵隊さんもおなかがすいていたのです。

学校の授業には出なかったものの、ピアノが学校にしかなかったので、ピアノの練習には毎日のように通いました。

そのころ、陸軍の部隊が学校に駐屯していて、終戦間際ですることがないせいか毎日のように校内をうろうろしていました。私が練習していると、何人もの兵隊さんがよく入ってきて、ピアノを聴いていました。「愛しのフジちゃん」なんて黒板に書いて。

あるとき、士官のいちばん上の人が入ってきて、いいました。

「今日は、ピアノは弾かないんですか」

それが彼からかけられた、たった一つの言葉。私は彼に恋をしました。

会ったのは4回くらい。名前もはっきり知りません。最後は終戦になって、彼は他の将校と一緒に東京に帰っていきました。私は何もいえずに、電信柱の陰に隠れて見送りました。それっきり。それが私の初恋でした。

戦争が終わって東京に帰ってきたときはうれしかった。渋谷の家が焼けてしまったのは聞いていたので、そのまま三鷹台の伯母の家に向かいました。住んでいたところがどうなっているか、気にはなりましたが、すぐに見に行くことはしませんでした。

しばらくしてから行ってみると、見事に何もありませんでした。あるのは一面の焼け野原。御用聞きに来ていた乾物屋の若衆も、隣の中山太陽堂の息子さんも、みんな亡くなったと聞きました。

いまでも悔やまれるのは、飼っていた猫を知人に預け、置いていってしまったこと。連れていこうと思えば、連れていけた。でも、みんな自分たちの身を守るのに夢中で……。いまも思い出すたび、胸が苦しくなります。

戦後の暮らし

私たちが身を寄せた吉野伯母さんの家は、吉祥寺から玉川上水に沿ってずっと先にありました。広い庭のある立派な日本家屋。伯母は日本画家で、お茶の先生もやっていたので、さまざまな人の出入りがありました。私たちが居候するようになってからは、母のピアノのお弟子さんも代わる代わる訪れました。お弟子さんたちは、みんなお嬢様で、洋服がきれい。私はよく隣の部屋のふすまからのぞいていたものです。

この章のトビラの写真は、その家の庭です。写っているのは、伯母と母、三人の従兄たち、弟と私、親戚。これはまだ小学校に上がる前で、戦争も始まっていないころ。いちばん楽しい時代でした。

母が着ているブラウスは、いまだにはっきり覚えています。赤と青のチェックで、素晴らしい色合いでした。私が着ているのは、母がつくってくれた、目が覚めるような真っ赤なワンピース。よい時代でした。

伯母には哲一郎、宗男、洋三郎という三人の息子がいました。みんな私より年上でした。

哲一郎兄さんは、戦争で長く中国に行っていて、復員してから北海道の銀行の頭取になった人。お金を勘定するのが大好きな人で、私のピアノにいつもケチをつけていました。

宗男兄さんは、戦争中は特攻隊にいて、あと一週間戦争が長引いていたら死ぬはずでした。終戦直後は、「アメリカ人が日本に入ってくると、とんでもないことになる」っていっていたけれど、私は「なんで？」と思っていました。私の父も青い目をしているのに、そんなはずない、と。そののち、彼はすっかりアメリカ人に惚れ込んで、ＪＡＬのアメリカの支店長にまでなりました。

洋三郎兄さんはインテリで、東大を出た、優秀な人。私といちばんうまくいっていました。

夏休みの最初の日は、哲一郎兄さんが上海から復員された日。珍しく大きな鯉のおつくりや魚のメンチボールなどが食卓に並びました。めったに食べられないごちそう。心が弾んだのを覚えています。あのころはとにかくおなかがすいて、何でもいいから食べたくて仕方がありませんでした。

　暑いからアイスクリームや氷が食べたいけれど、そんなものはありません。昼も夜も食卓に上るのは庭でつくったジャガイモや南瓜、とうもろこし。

　大里さんというのは麹町に邸宅のある豪農で、母がピアノを教えにいっていたのでお中元をもらったりしていました。お中元もジャガイモ。配給のメリケン粉と一緒に天火で焼いて、「カルトッフェルプッファー（ドイツのパンケーキ）」をつくりました。

　あのころはメリケン粉もお米も配給。時々みかんや鮭の缶詰が配給に交ざりました。砂糖がないからおはぎや寒天もサッカリンを使ってつくります。あんまり甘くはありません。母は「おいしくない」といったけれど、弟と私にとってはうれしいおやつでした。

　加藤さんや桑さんというのは、母がピアノを教えにいったり、うちに来てもらったりしていた私の同級生。坂本百大（ひゃくだい）さんは、洋三郎兄さんに勉強を教えに来ていた一高の学生で、音楽好きでした。私はちょっと苦手でしたけど。

　あのころ、洋服なんてどこにも売っていないから、つくるしかありませんでした。下着も何も。布は配給。水色の絹布が来たとき、母はブラウスを縫ってくれました。出来上がるのが楽しみで、楽しみで。でも、けっこう時間がかかって、絵日記ではまだ出来上がらない、と何度も書いています。

　母は家ではいつもヘアバンドをして、すごくオシャレ。私は母のことを見て、きれいだなって思っていました。母の真似をして、学校に行くとき、わからないくらいうっすらと、口紅を塗ったりしたものです。

扇風機も珍しかったころ。7月11日、「涼しいね！」という弟に、私が「電気がもったいないわ」という絵を描いたのは、近所に住んでいたドイツ人の影響。うちに来ると「あなた、その隣の電気、モッタイナイから消しなさい！」と年中いっていました。ドイツ人って、そういうところがしっかりしているのです。ドイツに留学していたときは、その生真面目な性格を息苦しくも感じたものです。

伯母の家の庭は広くて、芝生がありました。そこに咲いた姫百合の、可憐だったこと。百合はいちばん好きな花です。食堂の前に植えたグラジオラスの赤も素敵でした。イチジクや柿の木もあったので、私は弟と一緒にいつも見ていて、実ったら真っ先に食べたものです。甘いものがない時代、甘い果物はごちそうでした。

絵は、日本画家の伯母から習いました。彼女はお茶の先生でもあったので、お茶室にも座らされました。日本的なことが好きな人で「日本舞踊を習いなさい。動作がきれいになるから」ともいわれました。でも、私はそんなまどろっこしいことやっていられない。お茶も、何にも覚えていません。

ピアノの練習は毎日やりました。配給を取りに行ったり、つくろいものをしたり、畑仕事をしたり、母の帰りが遅いときはご飯をつくったり。とても忙しかったけれど、「時間は繰り回すもの！」「そんなことじゃ音楽家になれない！」と母は休むことを許さない。暑くて指が汗でくっついてしまうし、エチュードは難しいし、疎開中は満足に練習ができなかったので指が思うように動かないし。でも、サボると母が怖いので、欠かさずピアノの前に座りました。

南瓜ばかり食べていたから、いま南瓜は見るのもいや。でも、ジャガイモだけは、なぜか大好きで、味噌汁の具にはジャガイモが必ず一個くらい入っているのです。

二十日　日曜日

お晝から小西さんや荒木さんがおけいこに來られました、小西さんがキャベツと馬令薯を下さいました。私はそのお返しにと思って赤いグラジオラスを二三本切ってさし上げました。小西さんはまう海へ行った相で目の下が赤くやけて居ました。私もとても行きたくて〱たまりなくなったけれどいそがしいので仕様がないんですもの、本当にいそがしい事ばっかりです。お掃除、ピアノ、宿題、ズロースのつくり、小麥の皮をとる事、洋服を縫ふ手傳、數へたらきりがない‥‥‥‥‥。

それから面白い事に小西さんはこの間は小説の本を家へ置いて行ったし今日もその本を渡して上げたと思ったら又姉妹お揃ひで白い・シャッポをテーブルの上に置いてきぼりにして歸ってしまひました。

秦子ちゃんのシャッポ

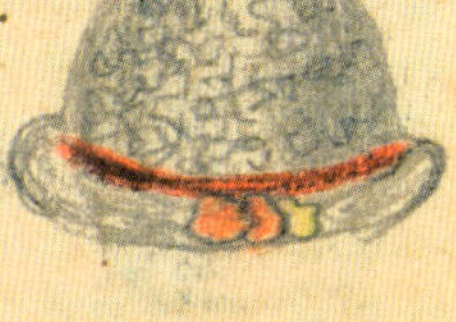
あや子ちゃんのシャアッポ

二十二日　月曜日

今日は母が埼玉へおしへに行かれた

夜私が小さい時から今迄の持ってゐた洋服をみんな画にかいて遊んだ

とっても面白いのできれいにとぢて大切にして置かうと思ふ。

弟と二人でねたら　お母様は十二時頃歸ってゐらした。

二十三日　火曜

今朝はピアノ練習

晝からは井上さんのおば様がおいでになった。

井上さんが　いとこの出征兄様のお祝に下さった　圓い梅のついたもなかをおば様が下さいました　ので　お食後に　夜いたゞきました。

たった一つの拝みたい様な甘い昔のもなかを三つに分けておいしく頂きました。

二十一日　日曜日

お晝(ひる)から小西さんや荒木さんがおけいこに來(こ)られました。

小西さんがキャベツと馬鈴薯を下さいました。

私はそのお返しにと思って　赤いグラジオラスを二　三本切ってさし上げました。

小西さんはもう海へ行った相で　目の下が赤くやけて居ました。

私もとても行きたくて〳〵たまらなくなったけれど　いそがしいので仕様がないんですもの。

本当にいそがしい事ばっかりです。お掃除　ピアノ　宿題　ズロースのつゞくり*。小麥(こむぎ)の皮をとる事　洋服を縫ふ手傳(てつだい)　數(かぞ)へたらきりがない……。

それから面白い事に　小西さんはこの間は　小説の本を家へ置いて行ったし　今日もその本を渡して上げたと思ったら　又　姉妹お揃ひで白いシャッポを　テーブルの上に　置いてきぼりにして歸(かえ)ってしまひました。


*つゞくり…繕り。繕い物。

二十二日　月曜日

今日は母が　埼玉へおしへに行かれた。
夜　私が小さい時から今迄に持ってゐた洋服を　みんな画にかいて遊んだ。
とっても面白いのできれいにとぢて　大切にして置かうと思ふ。
弟と二人でねたら　お母様は十二時頃歸ってゐらした。

二十三日　火曜

今朝はピアノ練習。

晝から井上さんのおば様がおいでになった。

井上さんが　いとこの哲お兄様のお祝に下さった　圓(まる)い梅のついたもなかをおば様が下さいましたので　お食後に　夜　いたゞきました。

たった一つの拜みたい様な甘い昔のもなかを　三つに分けておいしく頂きました。

二十四日　水曜日　晴

今朝　宗男お兄様が大阪から來られた。
夕方　皎おじ様が　おくれて大阪からいらした。
みんな哲兄さんに会ひに　久し振りで來られたのです。
夜　みんなでお茶の間で　御ちさうを頂きながら　いと
このお兄様が　政治の事や　支那で争ってゐた頃の事を
話してゐられるのを　弟と私だけは　だまって机の前で
聞いてゐた。
御ちさうは　おぢ様のおみやげのお肉を　軍の主計*だっ
たいとこの兄が支那でおぼえたお料理を作って下さり
それに赤い御飯　野菜サラダ。それから　とても上等な
お酒を　弟と二人でおちょく*に一ぱいづゝ　今日は特別
なので頂いた。
弟はのめないので母に返しましたが　私は目をつむって
のみました。

＊主計…旧海軍で、経理、被服、煮炊きを担当した軍人。
＊おちょく…おちょこ。

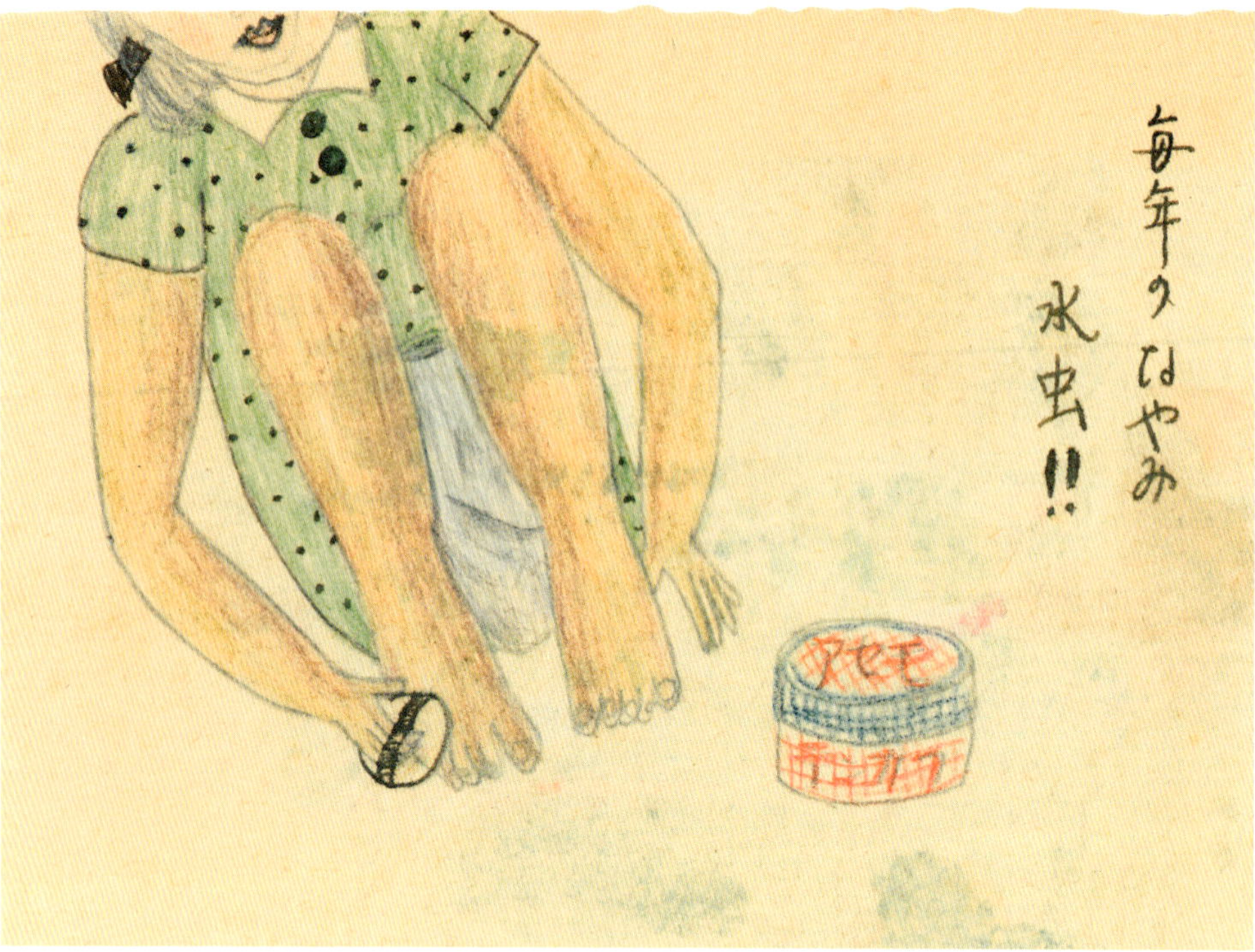

二十五日　木曜　曇

今日はどんよりとして　いやな日だ。
朝の中　草とりとピアノ。
おぢ様が大阪へお歸りになるので　美津ちゃんに上げるのに　私が作ったお人形をセロファン紙に包み　水色のひもでむすんで　とてもハイカラにして上げました。
母は桑さんへ行き　夕方からは姉弟二人で　靜かになった。
足の水虫が痛くて〳〵たまらない。
明日は　ねてゐなければならないかも知れません。
早くなほってくれぬとプールへも行けぬので　氣が氣ではありません。

二十六日　金曜　雨

朝からぞく／＼と寒い。

メリケン粉をとりに行って歸(かえ)ってから　お晝食(ちゅうしょく)を食べる迄ずっと寝てゐた。

水虫の痛みと　ブヨにさゝれた後のおできと　その爲(ため)に出來(でき)た　もゝのつけ根のグリ／＼が痛いのと　昨日　風邪をひいて頭が痛いのと。泣きたくても泣けぬ程痛くて足を両方切ってしまひたひ位。化粧台の下はてんかふ*だらけで眞白(まっしろ)だ。

夜　サッカリンを入れた寒天を頂く。

*てんかふ…天花粉。皮膚に撒布し、あせもやただれの予防などに用いる。

二十七日　土曜日　晴

今日は桑さんがいらっしゃるので　きれいにお掃除をして置く。

夕方　私と弟とでテーブル掛の新しいのをテーブルに掛け　花びんにピンクと赤のグラジオラスを生けて　ガラスの　岩田先生のお皿を並べました。

それからガラスのはちにサラダやパンなどを並べたりすっかり用意をして置きました。

暗くなって　のり子ちゃんと弟とおば様と三人でいらっしゃいました。おみやげに　きれいな水玉のふろしきを私に。その中にはパンが入ってゐました。

みんなでパンやサラダを頂き　それから　買って上げたいゝとまとを買物袋につめて　みんなで久我山迄送って上げました。この次の木曜日には　桑さんのお家へ　朝から三人で行く事をお約束しました。

でも水虫が治らないと困ります。

夏の夜のさんぽはとても涼しいでした。

二十八日　日曜日

今朝　加藤さんがおけい古にこられた。

昨日飲んだテラポール錠*がたくさん過ぎたのか　頭がフラ〳〵して　腰がだるくて仕方がない。

一日中　御食事の外(ほか)は　ピアノを勉強してゐた。

八月にはクロイツァー*のところへ　おけい古に行かなくてはなりませんが　一つも自しんがなくて大弱り。

よく出來(でき)るものはまずありません。

夜は水虫の爲(ため)にせっかくのお風呂へも入れませんでした。


*テラポール錠…昭和12年に発売された抗菌薬。

*クロイツァー…レオニード・クロイツァー（1884-1953）。ロシアに生まれ、ドイツ、日本で活躍したピアニスト、指揮者。

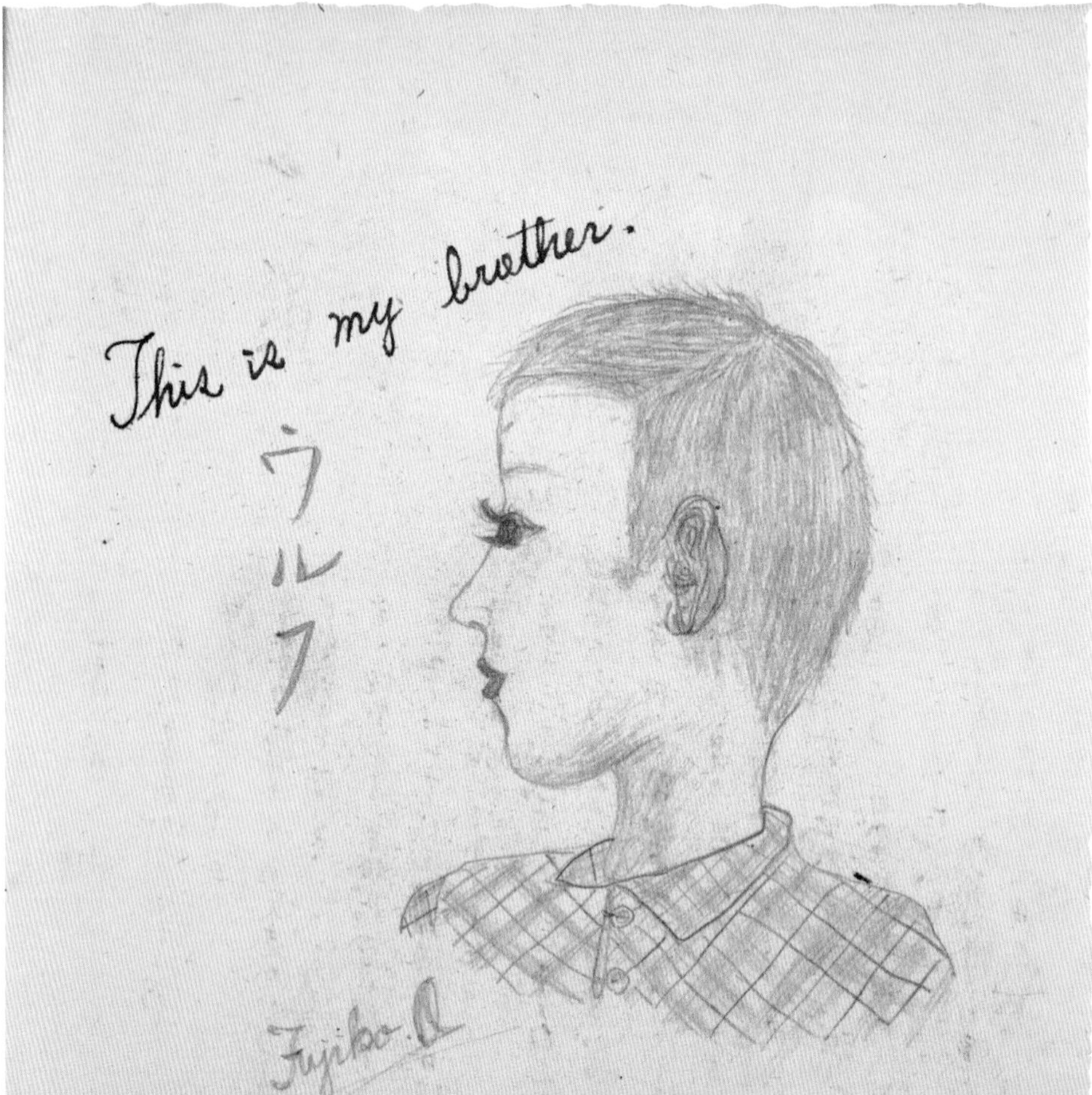
This is my brother.
ウルフ
Fujiko.A

二十九日（月）　雨

今日は母が晝前から埼玉におしへに行くので　早く御飯を頂いた。
それから　坂本さんのお兄さんがいらして　私のピアノをずっと聞いていらした。
全く坂本さんの音樂好きには　あきれます。
家へ來てはレコードをならすし　今日は　手がちぎれる程　彈かされました。
それもショパンばっかり。ソナタなんか長くていやだから　符が無いと言ってゴマ化しました。
夕方　押入のかたづけをしました。
それから　弟の小さい時のジャケツをほどいて　肩からかけるバッグを作らうと思ひました。
夜　あまり母のかへりがおそいので　泊ったのだらうと思ったら　目がさめたら母が　お夜食を食べてゐました。
時には二人でねて　明朝はすきな事をしてやらうと思ったのに　殘念無念……。

I went to school
in the morning.

三十日（火）雨

今朝　事務室に用事があって學校（がっこう）へ行く。電車がおくれたので　行ったらギリ〳〵でした。事務には又あさって來（き）てくれ　と言はれ　今井先生もおいでにならないので　澁谷（しぶや）で種や本を買ひました。途中で岡田さんや竹内さんに会ひました。明日プールへ行く約束をしました。

でも水虫がなほらないと母が許してくれませんので　つまりません。

夕方　宗男お兄様が大阪へお歸（かえ）りになるので　頂いたすいかを切って　一切れづゝ頂きました。とてもあまくて　皮のまぎは迄ガリ〳〵がり〳〵かじって母に叱られました。

夜　ピアノをした。

三十一日（水）雨後晴

今日　晝からピアノをすまして　弟と床屋へ行きました。弟が刈込みにするのに　はづかしいので　私が言ってやらねばなりませんので……。弟の鏡の中の顔ったらありません。すっかりドギマギして　下ばかり向いて　床屋さんが向ふへ行くと　そっと鏡をのぞいてゐます。でもとても可愛くなりました。明日は桑さんへ行くのにすっかり風邪をひいて殘念……。バッグのアプリケも大分出來た。夜　すっかり頭痛くなって　ピアノをしないで早くねました。

八月一日（木）　曇後　大雨水害

今朝はたう〳〵熱を出して桑さんへも行かれず　事務室へ行く用事はウルちゃんに行ってもらひました。ウルちゃんはお晝前に歸って來ましたが　講習の申込は　又明日だと言はれました。面白い事に　女學部の門前で他人の男の子が二人で　弟を見ると〝ハロー　ハロー　チューイングヮム　おくれ〟と言ってせびり　ついてくる相です。

母はふんがいして「よくおしへて　そんな事はしない様にして上げればよかったのに」と言ひました。

夕方　母は桑さんへおしへに出ました。弟もおば様の用事で吉祥寺の山村さん迄行き　私一人でした。

屋根がやぶれると思ふ程雨が降りました。

ものすごく雨が降って　暗くなってから弟は歸って來ました。

今年初めてのすごい大雨です。

夜　バッグを*バイヤスでふちどりしました。

母は泊るのだらうと思ったら歸って來ました。道は　ひざ迄水が來て　海の中を歩いてゐる様だと言はれました。

市内もそんなのかなあと思ってびっくりしました。

おみやげに　たまご焼(や)きをかぶせた　にぎりずしを下さいました。桑さんがそれをつくって待ってゐた相ですが今日はこんな大水で　行かなくてよかったと思ひました。

＊バイヤス…バイアステープ。また、布目に対して斜めに裁った布。

八月二日（金）　曇　雨止ンダリ降ッタリ

今朝もまだコン／＼雨が降ってゐました。
水は引きましたが　おいもの根っこが出てゐました。
今日は女學部(じょがくぶ)の事務室へ行くのに　未だ熱があるし　弟は又風邪を引いてゐるし　行けなくなりました。
朝　ねたり　ピアノをしました。未だフラ／＼するので音がしっかりしません。
晝(ひる)すぎにバッグが出來上(できあが)りました。
とてもよく出來ましたが　ちょっとまがりました。
夕方　エチュードの7番を弾(ひ)いてみた。
むづかしいと思って殘(のこ)しておいたら　案外やさしくてきれいな曲でした。
夜　日記を書きました。

八月三日（土）曇後晴

今朝二十疊の部屋をお掃除する。
晝前　アメリカのかんづめの配給をとりに行く。あまりよいものがなくて　魚のトマト煮やいかの煮たのや肉でした。
午後　山村さんのお兄さんが　女學校を卒業したお弟子入りする人を連れて來ました。小西さんやみつ橋さん達も次々に來られました。あらきさん達も小西さん達の様に　大水の後のどろの中に入って　ハイカラな靴もドロ〱になって　井戸で洗ふやら大さわぎでした。
晩もピアノをした。今度は八番*がくずれましたので大へんです。

＊八番…エチュード第8番　へ長調。

母のこと

右／母、左／フジコを抱く父

――三人家族

絵日記に出てくる小西さん、荒木さんも、母がピアノを教えていた私の同級生。小西さんとはいまだにつき合いがあって、私の演奏会に来てくれます。他にも、いろいろな人がうちにピアノを習いに来ていました。

時々「うちのほうにも来てくれ」と頼まれて、母が教えにいくこともありました。でも、行くとなかなか帰ってこない。お稽古が終わると「一緒に食事しましょう」なんていわれて長々といるから、帰ってくるのは夜も更けてから。

あのころは家に電話なんてないので、母が遅くなると心配で仕方がありませんでした。真っ暗な、何にもないところを歩いて帰ってくるのです。玉川上水に沿った道を。

酔っぱらったおじさんが玉川上水に落ちて亡くなったことがあります。翌朝、そこにわらがかけて置いてあったけど、その日に限って私はそっち側を歩かなかった。歩いていたら、狭い道だから死体をまたいで歩かなくちゃいけなかったでしょう。

どうしよう。お母さん死んじゃったらどうしよう……。不安でいっぱいになったころ、疲れた足音がズルッ、ズルッと聞こえてくる。ああ、お母さん帰ってきた、と安心したものでした。

太宰治が玉川上水に入水自殺したのはその2年後。なんで死んじゃったのかしらね……。

母は、私たちを育てるお金を稼ぐのに頭がいっぱいで、勉強のことはほったらかしでした。私の友達はみんな家庭教師がいたり、お母さんが面倒をみたりして、優秀。私は引け目を感じていました。

スウェーデン人の頭って、きっと日本人みたいにすぐにさっと答えが出せるようにできていないのです。うちに帰って、先生が読んだりいったりしたことを3回か4回読んで初めて「あ、そうか」とわかる。何度も考えて正しい答えを出す。だから、授業中「大月さん、答えなさい」なんていわれたって、頭がぼーっとしてしまって答えられませんでした。それで私はこの絵日記を描いたのですが、夏休みが明けて提出したとき、先生は度肝を抜かれたそうです。

このころ、なんといっても悩まされたのは足の水虫です。かゆいというより痛いのです。天花粉をはたいても効き目はありません。他にも風邪をひいて頭が痛くなったり、すぐにおなかが痛くなったり。いま思えば、栄養失調だったのだと思います。それでからだのあちこちに不調が現れていたのだと。

弟のウルフは、とてもきれいな顔立ちをした少年でした。二人でどこかへ行くと「エンジェルみたいだ!」ってみんなが振り返るほど。あのころは、彼は可愛かったです。いつも二人で配給を取りに行ったり、母がいないときは食事をつくったり、いたずらをして遊んだり。とくに夏休みはいつも一緒でした。

年頃になったら、もうダメ。ゲンコツでのケンカもたくさんしました。

弟は大人になって役者になりました。よい女性と結婚して、幸せな人生じゃないかしら。

私たち外国人は戦争中いじめられていたけど、戦後は特別な扱いを受けました。明治屋に行くと、白パンやバターの配給がもらえました。魚や肉、イカの缶詰なんていうのもありました。私はよくお使いに行かされて、もらった白パンを半分くらい道で食べちゃった。そのくらいおなかがすいていました。

宗男兄さんが大阪から帰っていらした7月24日は、大変なごちそうでした。皎(こう)おじ様というのは、皎太郎叔父さんのことで、母の弟。長生きで、百歳まで生きられました。

叔父さんのお土産のお肉を、海軍の主計科にいた哲一郎兄さんがお料理。中国で覚えてきたという珍しいお料理になりました。それから赤飯と野菜サラダ。弟と私も上等な日本酒をお猪口に一杯もらいました。おいしかった。いまでも日本酒は好きです。甘いお酒をちょっとだけ。演奏会のない日に飲むのです。

山村さんは、吉祥寺に住んでいた、ちょっと素っ頓狂な、面白い人。岡田さんや竹内さんはクラスメート。よく一緒にプールに行きました。

私は運動神経はそんなによくなかったけれど、不思議に水泳は得意で、ＹＷＣＡで習っていたころは銀賞をもらいました。ＹＷＣＡに通うのはとても楽しかったものです。

大人になってからも泳ぎは好きで、ドイツにいたころは、ドナウ川を泳いだこともあります。川の中に「ここより先は危険」っていう赤い旗があったけれど、その先の向こう岸まで泳いでいって帰って来ました。途中で、ひとりで泳いでいる男の人に「あなた、私に何かあったら助けてね」なんてお願いして。そしたら、一緒に泳いでくれました。いまだに忘れられません。

水着は母のお手製。いまみたいな水着じゃなく、古い服をちょん切って縫い合わせただけ。でも、オシャレで、気に入っていました。母は、縫い物はそんなに得意じゃないのに、私が着るものは何でも縫ってくれました。

縫い物が好きになったのは、母の影響です。母は仕立てた洋服にちょっと刺繍をしたり、ビーズをつけたりして、ハイカラに仕上げていました。私も弟のブラウスをつくったり、古いジャケットを切って肩掛けカバンにしたり、お人形をつくったり。

お人形は、古くなった洋服や端切れで、あれこれ空想をふくらませながらつくりました。お世話になった家の子どもにあげたり、同級生が

「私もほしい！」というので売ったりして（一個百円で売れました）、手元にはあまり残っていません。いまあるのは、もっと後になってつくった、大のお気に入りの二つだけ。（１３４頁参照）

一つは女の子で、お祖母さんが編んだカーディガンが古くなったのをほどいて髪の毛にしました。鼻のところがよく出来ているでしょう。少女雑誌『ひまわり』につくり方が書いてあって、一生懸命つくりました。

もう一つは「葱泥棒」。シェークスピアの戯曲で映画にもなった『ヘンリー五世』に出てくる登場人物です。真っ白な雪の上にこの格好で立っているシーンにすごく感激して、この人形をつくりました。この二つの人形だけは、引っ越すときも必ず一緒に連れていきます。

縫い物は、いまもすごく好き。持っている服に刺繍したり、リボンをつけたりするのも。いまも、直したい洋服が箱いっぱいたまっています。でも、演奏旅行ばっかりで時間がない。ちょっと悲しいです。

楽しみだったのは水曜日。母が教えにいくアメリカ人の女の人から、お手製のチョコレート・ボンボンをもらってきてくれる日だったからです。甘いチョコレートからとろりと出てくる甘いお酒。早く帰ってこないかなぁ……。弟と首を長くして母の帰りを待ったものです。

8月20日にもあるように、弟と私は、疲れて眠っている母の顔にヒゲを描いたり、いたずらもしました。母は全然気がつかない。目が覚めてから大笑い。母は厳しかったけれど、いたずらを見つけて怒るような人ではありませんでした。もらってきた梨もりんごも三人で必ず分けて食べる。そんな暮らしでした。

――大嫌いで、大好き

母は純粋で、正直で、思ったことはすぐに口にする人。だから、けんかもしょっちゅう。おまわりさんにだって食ってかかるほどでした。

江ノ島に泳ぎにいった帰りでした。電車で席が空いたので、まず私たちを座らせて、母が座ろうとしていたら、若い男の人がサーッとやってきて座っちゃった。

母は「私はドイツに5年もいたけど、ドイツの男はそんなことはしない！」って怒り出した。「やめろ！」って大声で母を怒鳴る人もいるし、電車中大騒ぎ。私は恥ずかしくて、東京駅に着くまでずっと泣いていました。

聞けば、母の両親は「こんな娘をお嫁さんにもらう人はいないから、ドイツに行って見つけてこい」といって、留学費用を出してくれたみたいです。ドイツに行ったら、「美人コンテストに出たほうがいい」といわれるほど母は人目を引いたそうです。7歳下の若き芸術家（父のことです）と結婚したくらいだから、よほどモテたのでしょう。

母のピアノはそんなに上手ではありませんでしたが、私たちが寝るとき、よく優しい、柔らかい曲を弾いていました。物心ついたころから、母が弾くショパンの「ノクターン」が、私にとっては子守唄でした。

母は私を音楽家にしたいとは思っていたけれど、ピアニストにしたいとは思っていなかったようです。母の友達が、「フジコさん、たいしたことないから、ピアニストになんかしちゃダメよ」って吹き込んでいたらしいのです。母はすぐ丸め込まれるから、「そうよ、あんたはピアノの先生になればいいんだ」なんていっていました。

好きな曲は弾かせてもらえず、ベートーベンやハイドン、モーツァルトの退屈な曲ばかり。私はショパンや、シューマンの曲が好きでした。

ショパンのエチュードで好きだったのは3番「別れの曲」と4番、5番「黒鍵」、8番。私が練習していると、母は「指が揃ってない！」とよく怒鳴りました。

このころ、ピアノを弾いていても、それがどの程度のものなのか、私にはわかりませんでした。母はちっとも私のピアノをほめてくれない。誰かにほめられると「そりゃそうよ、私の娘だもの！」というばかり。

CDもなければテレビもないから、他の人の演奏を聴いたり、観たりすることがめったにできません。たまにラジオから他の人の演奏が聞こえてくると、「聴くに耐えない」と思ったりするけれど、自分のことはわからない。

遠くの白い雲を眺めながら、私は想像しました。真面目に練習していれば、演奏会で大成功することができるんじゃないかしら。疎開中はひとりで練習していたからすっかり弾けなくなってしまったけど。練習を続けたら、あの雲の向こうにある幸せをつかむことができるんじゃないかしら……。

母は相変わらず私がピアノを間違えると「頭が腐ってる！」なんて怒っていましたけど。

母はずいぶん歳をとってからもオシャレで、一度パリで、二人でカフェに座っていたら、何人かが目をとめました。母はもうすごいおばあさん。でも、フランス人はみんな母のことをきれいだって思ったみたい。私が見ても、すごく輝いていました。

晩年はヨーロッパの私のところに訪ねてきて、一緒に旅をしました。そんな歳になっても、母はいつも鏡の前で、洋服を取っ替え引っ替え。いくつになっても素敵な人はオシャレなんだなぁと思いながら、私は母を見ていました。

忘れられないのはイタリア旅行。私がドイツで買ってあげた革のコートを着て、ロンドンで買った帽子をかぶり、サングラスをかけて、母は颯爽とローマの街を歩きました。それはきれいで、何人もの男が振り返るくらいでした。

口の悪さも、歳をとっても変わることがありませんでした。私が40歳を過ぎたころ、自分で縫った真っ赤な洋服を着ようとしたら「あなたコレ着るの？　ピエロみたいだよ」って。結局、その服は一度も着ませんでした。ちょっと洒落た帽子をかぶろうとしたら「郵便屋みたいだ」って。正直で、ちょっと残酷で、自分の考えを押し付けるところもある人でした。

お金には苦労したと思うけれど、最後まで母が売らずに持っていたのが、ブリュートナーのピアノ。7月6日の絵日記にも描いています。母がベルリン留学時代に買った大切なピアノで、なんと110年前につくられたものです。東京の家にずっと置いてあったのを、2年ほど前に修理に出しました。戻ってくると、びっくりするほど美しく蘇っていて、弾いてみると、美しい音で鳴りました。母にも聴こえたと思います。


母をかわいそうだなと思うのは、いまの私を見ないで死んでしまったこと。28歳で別れて以来、一緒に暮らすことはなかった。晩年、母は「フジコ、帰ってくればいいのに」といっていたそうです。

母のことは、大嫌いで大好き。ドイツで本当にお金がなくなって苦しかったとき、すぐに送金してくれたのは母だけでした。母ほど純粋な人を私は知りません。子どものころはけんかばかりしていたけれど、母には感謝しています。いまの私がいるのは、母のおかげ。空を見上げるたびに母のことを思います。ああ、お母さん、どうしているかなぁ……。そして、元気でいてくれるようにお祈りします。

私は天国でみんな生きていると思っています。獣医で犬を25匹も飼っていたという、ひいお祖父さんも、これまでに飼った私の猫や犬たちも、みんな。母にもきっと天国で会えるでしょう。でも、一緒に暮らしたくはありません（笑）。

My friends
come to Our house
in the moring
「加藤さん」

八月四日（日）晴

今朝　加藤さんがおけいこに來(こ)られる。
道が悪かったので　驛(えき)迄弟と二人で迎へに行ったので
ドロぬまに入らないで大丈夫でした。
その後で　昨日の人が又おけい古に來られた。
山村さんのことづけで　すごくシミル水虫ぐすりを下さ
いましたので　つけたら又痛くなってしまひました。
晝食(ちゅうしょく)にアメリカのいかのかんづめを開けました。
アメリカ人は　いかはたべないと思ってゐた母は　不思
議がってゐました。私が「おしるこでもこの頃は食べる
んですもの　いか位……」と言ったら　それもさうねェ
と言はれました。
母の友達の家へ來る進ちゅう軍*は　何もいらないから梅
干とお茶漬けがほしいと言った相で　大笑ひでした。

*進ちゅう軍…進駐軍。第二次大戦後、日本を占領した連合国軍。

八月五日（月）晴

今日は　母が　埼玉へおしへに行かれる筈でしたが　おそくなったので止めになり　この前の殘り（のこ）のサッカリンと寒天で　みつ豆の様なものをしました。
私の風邪は　熱は下りましたが　胸へ來て（き）「コン〱ゼェ〱」と　苦しくて仕様がない。
それで冷たい寒天もおいしい。
夜　ピアノの後で母にブラウスの續き（つづ）を縫っていたゞく。
今度　木曜日に　桑さんへ着て行くのです。

八月六日　火曜

今日は氣分（きぶん）が悪いし　もう講習は中止にしやうと決心してしまふ。
朝　一年振りに　饗場（あいば）さんが來（こ）られた。
すっかり太って背がのびて　大きなお嬢さんになられました。
色々お話したり　お晝食（ちゅうしょく）をいたゞいて　たのしくあそびました。
今度　金曜日にあそびに行く事に約束いたしました。
饗場さんもお家へアメリカ人が大勢あそびに來る相で　英語も上手になった様でウラメしいです。夕方　今井先生にお手紙を書く。
夜はすっかり胸が痛くなって　寝てゐた。

深井さんが
ドーナツを食べてゐます

八月八日（木曜）晴レ

今日は桑さんへ呼ばれに行く。

朝の中(うち)から行く筈でしたが　お風呂へ入ったりしてゐたら三時頃になりました。

弟は最近になって初めて他人(ヨソ)の家へ呼ばれるので　いぢらしい程よろこんでゐます。

水色のブラウスは未だ出來(でき)なかったので　この前のを着て行く。

おば様がお出かけで中々かへられず留守番が無いので一足先に弟と二人で行きました。

電車の中でジロ〳〵見られるのが一番いやでした。

一足先に行ったのに　電車の中で母と会ってしまひました。

桑さんの家へついたのが四時位で行くとすぐお紅茶を飲んで　桑さんのおけい古をした。

それから桑さんが青山(あおやま)で同級生の深井さんと言ふ人を呼んで來て　私のピアノをお聞きになりました。

夕飯は　コロッケとたまご焼(や)きとコンビーフと　寒天の入ったサラダでした。

（何時か母に「あなたは食べる事ばっかり書くのね　ガキだから仕様がない」と言はれましたが　これは私はとてもたのしみですから書いて置きます）

お夕飯後　みんなでトランプをした。

深井さんのまけでした。

それから甘いおいしいドーナツをいたゞきました。

歸(かえ)りに沼部(ぬまべ)の驛(えき)で私一人　電車にのりおくれて　次ののりかへ迄一人で行ったのはいやでした。

（夜の女の一人歩きと思はれてはそんです）

帝都線はダンサーで一ぱいでした。

八月九日　金曜日

今日はあいばさんへ行く筈でしたが　疲れたので止めた。
母は夕方　早川さんへおけい古をおしへに行く。
私は　ピアノをしたりして　夕方からお人形を作った。
三十糎*位の　割に小さいので　とても可愛いのです。
スカートをはかしたら　母が歸って來たので止めた。
弟も面白い犬を作りました。
今日の御飯は　晝・夜共配給のウドンで　夜はコンビーフをまぜてやいたスパゲッティでした。

*糎…センチメートル。

八月十日（土）　晴

今朝は　大廣間（おおひろま）のお掃除をする。
それから　お人形を仕上げた。とてもかはいくなったので　グランドピアノのふめん台の上に置く事にしました。
名前はノラです。
晝（ひる）　私と弟で　ひやうどんを作りました。
とてもおいしく出來（でき）ました。
夜は　今朝ウルちゃんと母とでひいた粉でパンを作りました。
晩はピアノをしましたが　なまいきな事を言ったので一番最後に叱られて　その曲は途中でやめてしまひました。
人に何か言はれると……。いゝえ母だけは　言はれるとしんぼう出來ぬのは　私のショーブンです。

八月十一日（日）晴

今日は加藤さんは塩じりへ行かれたのか　おいでにならなかった。朝の中お掃除をしたり　晝頃　メリケン粉の配給で井ノ頭迄弟と二人でとりに行く。

おば様の家のもとって來たが　お陰でまた胸がゼェ〱言って苦しい。

中々晝食が出來ず　ピアノばかりやれ〱と言はれて少々參りました。

何とお晝食の出來たのは五時頃です。

哲兄さんのお友達がゐらしてましたが　双葉山*みたいな岡山の中尉さんみたいな顔をしてゐるので　おかしくなりました。

おば様が作られたまくわうりを頂いたが　とても甘くておいしかった。

夜　ピアノ。

＊双葉山…第35代横綱。相撲の神様と呼ばれた。

八月十二日　月　晴

今朝はピアノを弾いたり　米袋などの洗たく。
お晝から母が埼玉へおしへに行かれる。
小學生の時　未だクロイツァーの弟子でない時に弾いたシューベルトのソナタや　色々なのを出して弾いて見た。
初等科で音樂会に弾いた時を思ひ出してなつかしい。
あの時分はたのしかったなあと思ふとたまらない。
疎開して　私一人で一年の間勉強して　すっかり下手になったけれど　學校をそっちのけでやれば　來年は音樂会……。フフフ。
いくらクロイツァーに言はれたからって　學校があるし……。でもまあいゝや。がんばロォー。と知らぬ間に空想だけが先へ行ってしまってゐる。
夜　おば様に　おばあ様が死にかゝってゐられる事を聞いて　びっくりした。

八月十三日　火　はれ

今朝　荒木さんと三橋さんがおけい古に來られたので
ピアノが出來ず。
いとこの兄の『三田文學』と言ふ　文學雜し?を讀んだ。
あまり面白くて　ピアノと食事の間に母の目をしのんで
讀む。
私の母は　いたってこわい。
ちょっと新聞を讀んでゐても「さあ勉強してらっしゃい。
時間のくり廻しをよくするんですよ。貴女は　外の人と
はちがって音樂家になるんですから　ね」と言はれる。
今日も二階でちょっと讀んでゐると　下から「富治子ー。
何してるの」
「ええ　私?　水虫にテンカフつけてるのよ」とごまか
して　しほ〳〵ピアノに向ひます。

八月十四日　水　晴

今日は朝の中(うち)　ピアノをした。
晝食(ちゅうしょく)は又なか〳〵火が燃えないのと　パンの素がふくれなかったのとでおそくなり　四時。
その前に丁度　アメリカのバターとコンビーフが配給になったので嬉しかった。
私の家は三人なので　六ポンド入りのかんが來(き)て　中は半分とってありました。
よその家はどんぶりを返しに行くのに　家(うち)はかんなので運がよかったと喜び合った。
又　百大さんが來られ　又　音樂(おんがく)好きさん　レコードを鳴らし始めたので　私はピアノが出來ませんでしたが今日はマヽがゐるので　彈(ひ)かされませんでした。
夕方ほおずきがなったのを　弟がとって來てくれた。

八月十五日　木　晴

今朝は　昨夜がおそかったのに　案外ねむたくなかった。
昨日は一晩中　母と海水着を　私のと桑さんのを縫った。
寝たのは　もう東の空がしらみ　太陽が出始めかけてゐたころ。
朝　淺野の正子ちゃんと　もう二人の　いとこだと言ふ男の子を連れて來た。ピアノをひいたり　トランプをしてあそんだ。正子ちゃんは女學校二年なのに　背は弟よりひくゝ　足も*八文半でブカ〳〵ださうです。そして色が黒いので　くりの様です。
小學校はくのさんと同級だった相で　びっくりした。正子ちゃんの髪を私が三つあみにあんで　*シュスの青いリボンをむすんで上げたら　とても喜んだ。
正子ちゃん達が歸ってから　母が桑さんへ海水着を持っておしへに行かれた。
夜中に起きて見たら　母が桑さんで　私の海水着を縫って下さったのか　きれいにミシンがかけてあった。

＊八文半…20㎝強。1文＝2・4㎝。
＊シュス…繻子織りにした織物。柔軟性に長け、光沢が強い。サテン。

ママに作って頂いた海水着

プールで泳ぐとY.W.C.Aを思ひ出す
あれから段々上手になって五十米を往ふくする位は休まないで出来た。
水が青くなって汚なかったが無中になって泳ぎ廻った。

八月十六日　金曜日　晴れ

今日は嬉しい　玉川プールへ行く日です。

朝の中（うち）　ピアノをしました。

お晝頃（ひる）行く筈が　御飯がおそくなって　家を出たのは一時すぎでした。

それから弟を連れて　自由ヶ丘の岡田さんをさそひました。（泰子ちゃんだけ）

今日は水替への前日で　一番きたないので少々殘念（ざんねん）でしたが　飛込みをして遊んだ。ウルちゃんは入ったトタンに人とブツカッてすねをぶつけ　一つも泳がずに日なたぼっこをしてゐた。

一時間位しか泳げなかったが　又日曜日（來週（らいしゅう））に行く約束をして　歸り途（かえ）で母がパンを持って來てくれましたので　泰子ちゃんやみんなで一つゞつ頂きました。

それから弟と私は　母と一しょに早川さんへ連れて行って頂きました。

今日は晝に行ったので　別荘のお家がよく見えました。

おけい古をしてゐる間に　家の犬を見せて頂きました。

可愛い子犬が二匹ゐて　玄関のわきでうづくまってゐる。

親犬は上等のとてもいゝ犬で　私達が小犬をだいて歩いても靜（しず）かについて來ます。

それから二匹のムク犬がお母さんのおっぱいをチュウ〳〵音をたてゝ吸ふのも　初めて見ました。まるで自動車をなほす人が　車の下へあおむけにねてゐる様なかっこうです。

お三時に頂いたたうもろこしも　よくかんでからやりました。

それからお家へ入って　パンと甘いジュースを頂きました。

お家へ歸ったのは十時頃でした。

夜中に耳に蛾が入って　痛くて困った。

八月十七日　土曜　晴

今朝　ピアノ。

お晝に　レオニード・クロイツァー先生に　私のおけい古日の事を聞くお手紙を出しに行く。

今夜は颱風だらうと言はれて充分な用意をする。

弟のお菓子の配給があった。

甘い〳〵飴が十で一円でした。

かんがへると(公)*でもずい分高くなったものです。

夕方も洗濯をしてからピアノをした。

今日はどうしたのか　小西さんも荒木さん達もおけい古に來られなかった。

颱風は未だ來ぬらしく　あてがはづれた。

＊(公)…マル公。公定価格。

ピアノの音色

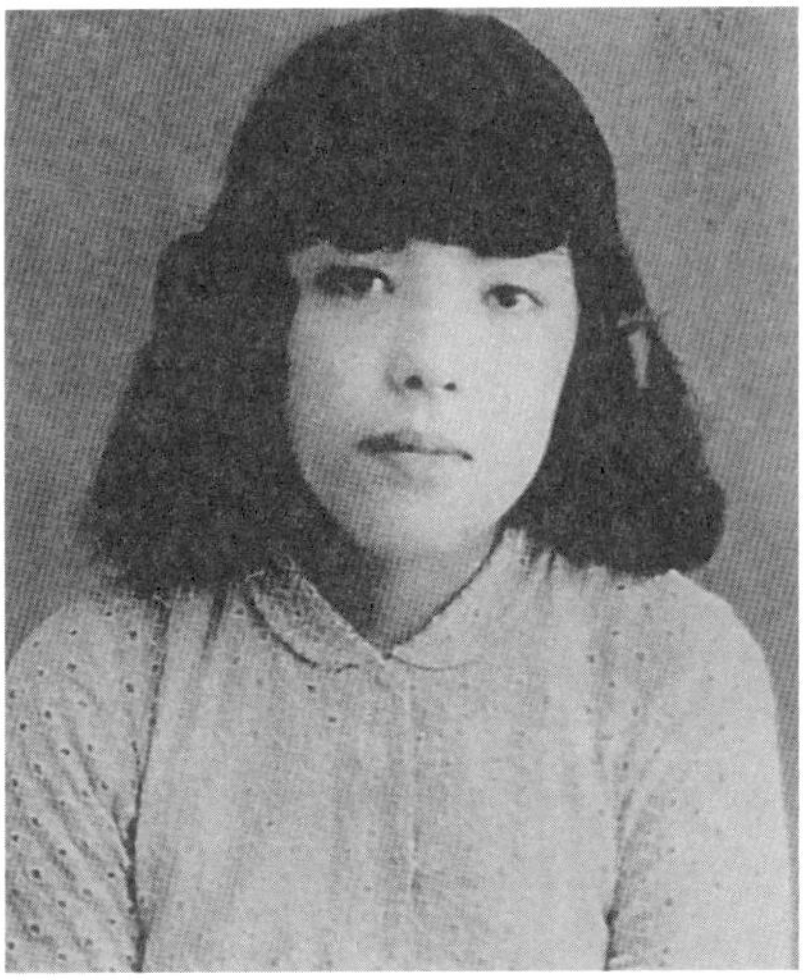

14歳のフジコ

――レオニード・クロイツァー

レオニード・クロイツァーは世界的なピアニストで指揮者ですが、私の父がベルリンにいたころの友人でした。母も留学中師事していた縁があって、演奏会で会い、私もピアノを教えてもらえるようになったのです。

初めて彼の前で弾いたのは、バッハやショパンの「ワルツ」、そして「エチュード5番」。私のピアノを聴いたとき、彼はびっくりして「フジコは世界中の人々を感動させるピアニストになる！」といいました。

でも、それを聞いても母は感激もしませんでした。すごくお金もかかるし、そんなことやってくれたら困るって思ったみたい。

当時、クロイツァーのレッスンなんて誰でも受けることができたわけではありません。受けられたとしても、とんでもなく高額でした。でも、私の父がスウェーデンに帰ってしまったのを聞いてかわいそうに思ったようで、私には月謝を取らずに教えてくれました。私は彼が教えた唯一の子どもだと思います。

クロイツァーは、戦後、茅ヶ崎の、それは美しい家に住んでいました。戦争中不遇な目に遭ったクロイツァーに同情して、あるスウェーデン人が貸した家だったそうです。全体が上品なクリーム色で、屋根や窓枠はシックな赤。玄関を入ると、父の描いた白百合の絵が飾られていました。出される紅茶もおいしくて、私はおしゃれして出かけました。時々、一緒に食事をしました。彼が私の洋服を「ハイカラだ」とほめてくれると、とてもうれしかったものです。

練習していかないと大変ですから、「別れの曲」など、彼のレコードが出ているものは、家でよく聴きました。彼のピアノは他の誰とも違っていました。からだでリズムを取りながら、気持ちよさそうに演奏している様子が見えるようでした。

でも、レッスンのときは怖かった。指使いを間違えると、片言の日本語で、雷よりも大きな声で怒るのです。

「わたしの指、ください！」

でも、ちゃんと練習していくと、「ガンツ・グーテ（すごくいい）！」とほめてくれる。母は一度も私のピアノをほめたことがなかったので、最初はとまどうくらいでした。

彼にピアノを習って本当によかったと思うのは「歌うように弾きなさい」といわれたこと。譜面通りでなく、音と音の隙間を長くしたり短くしたり、誰かが歌っているように弾きなさい、と。機械のように正確に弾きなさい、なんてひと言もいわなかった。もし、私のピアノが他の人と違うとしたら、それはクロイツァーのおかげだと思います。


クロイツァーは本当に素晴らしいピアニストだったけれど、彼の人生は恵まれたものではありませんでした。ドイツ系ユダヤ人の家に生まれた彼は、ナチス・ドイツの台頭するドイツを離れて、日本に暮らしていました。そして１９４２年にナチス・ドイツの欠席裁判で国籍を剥奪されました。当時、たくさんのユダヤ系の文化人や芸術家、科学者がナチス・ドイツに迫害されたのです。だから彼はドイツを嫌っていました。私は留学するならフランスに、と思っていました。

でも、母は私をドイツに留学させたがっていました。幼いころから母は「素晴らしいところよ」と私たちにドイツの話をして聞かせました。父と母が出会ったベルリン。１９２０年代後半のベルリンといえば、ラフマニノフをはじめ素晴らしい音楽家が演奏旅行にも訪れていた地。楽しく輝いていたころの話をする母は生き生きとしていて、私は母の冒険譚や笑い話に耳を傾けるのが大好きでした。

でも、留学はなかなか叶いませんでした。[18]

歳のとき「一度も住んだことがない」という理由でスウェーデン国籍を失い、無国籍になってしまったからです。私の才能を認めてくれた人が骨を折ってくれて、ようやく「赤十字難民」としてドイツに渡ったとき、私は28歳になっていました。

泥沼の日々

私はドイツで最高のベルリン音楽大学に入りました。でも、入ってみたらクロイツァーみたいな大物はいない。へっぽこばかり。素晴らしかったのは、毎晩ベルリンフィルとかウィーンフィルとか最高のオーケストラの演奏会に、タダで行けたことです。それはいまでも宝物。なかでも、カラヤンの指揮の優雅さは忘れられません。

私のピアノにいろんな大家が舌を巻いて「いやあ、これは素晴らしい！　いまに有名になる！」と口々にいいました。でも、私にはとにかくお金がなかった。母からのわずかな仕送りと奨学金、それが私の全財産でした。

「スイスでマスタークラスをやっているから、8月にいらっしゃい」とニキータ・マガロフにいわれても、私にはスイスに行くお金もなければ、ホテルに泊まるお金も、マスタークラスを受けるお金もありませんでした。

学校の奨学金と母からの仕送りが底をついて、砂糖水だけを飲んで暮らしたこともあります。毎日、銀行に行っていました。もう届いたかな、って。でも、届いてない。その帰り道、道の真ん中に、見たこともないような大きなオレンジが落ちていました。神様が落としてくれた、そう思いました。拾って食べたら、びっくりするくらいおいしかった。

ようやくチャンスが回ってきたのは35歳のとき。レナード・バーンスタイン、ニキータ・マガロフ、ブルーノ・マデルナという錚々たる音楽家の推薦で、ウィーンのリサイタルが決まったのです。

　ウィーン中にポスターが貼られ、さあ、私もやっと世界のステージに立てる、という日の直前、私は風邪をこじらせて左耳の聴力を失いました。右耳の聴力は中耳炎と風邪をこじらせて16歳のとき既に失っていました。

　無理をして初日に臨んだものの、海鳴りのような音がずっと聞こえて惨憺たる結果。それ以降の演奏会はキャンセルに。一流のピアニストになる夢は砕け散りました。ああ、この世界に私の出番はない……。

　私はウィーンからストックホルムに移り住みました。父には会えなかったけれど、叔母にあたる人が国籍の手続きや病院の手配をしてくれました。治療を受けて、左耳の聴力は40パーセントくらい回復。それから試験を受けて、ピアノ教師のお免状をもらいました。

　ストックホルムの学校では、ピアノの他に歌の授業をとって、プッチーニの「トゥーランドット」を歌ったときはイタリア人に「素晴らしい！」とほめられました。うれしかった。

　ストックホルムからドイツに戻って、ピアノを教えながらミュンヘンやハイデルベルグに移り住みました。ようやくお金を稼げるようになったのは40歳を過ぎてからです。

　何人もの人が、こんなところでピアノを教えたりしていないで、ニューヨークとかロンドンとか東京とか、そういうところで華々しくやればいいのに、といいました。あなたならできる！　と。でも、私は捨てられた猫や犬たちを飼って、ピアノを教えながら暮らしていければいい。そう思っていました。

　飛べない赤ちゃん鳩を連れてきて、飼ったことがあります。その鳩は、家中糞だらけにしながら、私のピアノを聴いていました。ある日、ピアノを練習していたら、その鳩が踊り出したのです。私のピアノを聴いて、羽を広げて、コサックダンスみたいに踊り出した。鳩には私のピアノがわかるんだ！　救われた気がしました。

フランス人の医者の家の前に住んでいたとき、その家の男の子が道の往来の真ん中で踊り出したこともあります。私のピアノに合わせて。私は、弾くのをやめられなくなって、その子に合わせてずっと弾き続けました。

泥沼の日々のなかで、私は信じていました。いつかはちゃんとなるだろう。私の出番は、たとえこの世にはなくても、天国にあるだろう。

どんな悲劇も、なくしたものも、火事で焼けてしまったと思えば忘れられる。

「神様、どうぞお助けください」と祈りながら、私はピアノを弾き続けました。

神様が私にご褒美をくださったのは60歳を過ぎてから。母が亡くなって、東京の家を手放すのがいやで実家に戻って、小さな演奏会に出演したり、ホーム・コンサートをすることがありました。それを聴いて感激したお客様が、私のドキュメンタリーを撮りたい、と仰ったのです。

NHKで『フジコ　～あるピアニストの軌跡～』というタイトルで放映されたのが１９９９年２月。私は一夜で「時の人」になりました。

――センチメンタルでいいじゃない

口の悪い友達が「あなたのピアノは御涙頂戴だわ」っていいます。でも、別に御涙頂戴って思って弾いているわけじゃないのです。自然にそうなっちゃう。機械みたいには弾けない。仕方がない。

ショパンだって、血を毎日吐いて、失恋もして暮らしていました。血を毎日吐いている男と、誰が結婚なんてするでしょう。恋人からも、許

嫁からもふられて、悲しい曲ばかりつくってい
た。そういうのが好きな人もいれば、滑稽な曲
が好きな人もいる。でも、私は好きです。ショ
パンも、ドビュッシーも。彼らは自分たちの曲
を機械のように弾いてほしいとは思っていなか
ったでしょう。シューマンだって書いています。
「機械のように弾くのは虚ろで、何の意味も
ない」と。

絵だってそう。コンピューターみたいなので
描いた絵はちっともよくない。それに比べて手
で描いた絵は、線が曲がっていても、そこがい
いのです。シャガールの絵も、ひん曲がってい
るけど、素晴らしい。私は絵描きじゃないから
毎日描いているわけじゃないし、勉強している
わけじゃないけど、良い絵はわかります。
でも、意地の悪い人、放送局にデンと座って
いる人たちは機械みたいなのが好きみたい。私
みたいな、センチメンタルな、御涙頂戴は好き
じゃない。
だけど、私は思うのです。天国に行ったとき、
楽しいだけの人生より、センチメンタルなのも
いいじゃない。ピアノも、人それぞれの音があ
っていい。世界的に有名なハンガリーのピアニ
ストがいいました。
「いまはみんなベートーベンを雷のように弾
くけど、ベートーベンは人間だった。君のベー
トーベンは素晴らしい。世界中に行って聴かせ
てやれ」
うれしかった。

私の十八番のようにいわれている「ラ・カン
パネラ」は、初めてクロイツァーの演奏会に行
ったとき、彼が弾いていた曲。すごく難しい曲
です。集中していないと、音一つ外しただけで
わかってしまう。
みんな、小さい音のときはきれいに弾くけど、
大きな音になるとダメね。大きな音ほど、美し

い音色で弾かなくちゃならないのに。私は、割れるような音では絶対に弾きません。音には色があるから、美しい色の音で弾かなければいけないと思っています。

ああいう、死に物狂いで弾かなくちゃいけない曲は、全部出ちゃう。その人の精神性と日常の暮らしぶりが。だから、少しくらい間違えてもそんなのは小さなことだと思います。

母に「たいしたことない」といわれ続けたせいか、小さいころからピアノにはずっと自信がありませんでした。でも、人生のなかでいろいろな人に励まされて、少しずつ自信がついてきた。私は、10年前よりも、20年前よりも、いまのピアノの音色が好き。最高の音で弾いていると思っています。

クロイツァーの勧めで、17歳で初めてリサイタルを開いたときは前の晩、一睡もできませんでした。いまでも、演奏会の前はドキドキします。パヴァロッティが「楽屋からステージに出ていくときは地獄へ堕ちていくようだ」といっていますが、私も同じ。途中で他のことを考えちゃったり、集中力が失われたりすると、手のほうに気持ちがいかなくなるのです。いまもそう。でも、そういう人のほうがうまいのですよ。そういう繊細な人のほうが、人を巻き込む力があるのだと思います。

演奏会の前にいちばん大切なのは心を清らかにすること。演奏会の前の日には人に会わないし、ピアノもあまり弾きません。コーヒーもたばこもお酒もやらない。ただ、散歩には行く。そして、ぐっすり眠ります。

コンディションを整えるのはけっこう大変です。一日サボると取り戻すのに二日かかるのがピアノ。だから毎日弾く。パリの家でも、東京の家でも、目を細めて私のピアノを聴いてくれるのは、猫たちなのです。

八月十八日　日曜　晴

今朝　ちょっと念を入れたお掃除をする。
それから水色のふだん着の洋服のあげを下したら　丁度
よくなって嬉しくなった。
今日も加藤さん　おけい古に來(こ)られず。
塩じりへ行かれて未だ歸京(ききょう)されぬのか　人の事がむやみ
にうらやましい。
今日も別に何もなくピアノをやってゐた。
私が花ふんをつけたカボチャが　ばらの木にぶら下って
大分大きくなって來た。
たうもろこしが初めてとれたので　焼(や)いて頂く。
未だ若い中(うち)なので粒は小さいが　中々甘い。
夜　洋服をぬって頂く。
颱風(たいふう)　未だ來ず。

八月十九日　月曜　晴れ

今日は少し風が強い。颱風(たいふう)が九州へ來(き)てゐるらしい。東京へは來ぬらしく　ちょっと安心……？

今日は　母は体がだるいので　埼玉へおしへに行くのをのばした。

又パンの配給。今日のはコッペではないが味は同一。よい香はエッセンスが入れてあるのだらうか。

お晝(ひる)から夕方迄　母は洋服を縫って下さいました。早く出來て他所(ヨソ)へ着て行きたい。夜も縫って頂く。

八月二十日　火曜　晴

今朝はお掃除とピアノ。
お晝(ひる)すぎ　小西さん姉妹がおけい古に來(こ)られ　ずっと前にかして上げたドイツ語の本と　英語のミッキーの本をきれいな紙でかぶせをして　返して下さった。
夕方　ピアノの後で日記帳の表紙をかへた。四人の女の人がテニスのラケットや　ボールを持って立ってゐる画を書いたら　わりにうまく書けて嬉しい。
夜　又　ブラウスのつゞきを縫って頂く。
それから母が夜　ゐねむりをしてゐたので　弟とゐのぐで母の鼻に丸をかいたり　ひげをかいたりして　面白かった。

八月二十一日 水

今日夕方自分の顔にお化粧して母の大切なドイツの首飾りや色々かけていたずらしました。

今日お昼からメリケン粉の配給を又井ノ頭迄とりに行く。今日はおくれない様にと早く行つたらずい分待たせられて家へ帰ったら日が暮れた。母は埼玉へおつかいに行かれた。

お昼の残りのジャが芋と南瓜のたいたのをつぶしてそれを一辺が十五cm位の正方形の形にかためて私が名をつけてかんぐへた"ザブトン焼き"をヒーターでこしらへた。とてもおいしく焼けた
それからお風呂をたいた。

中々たけなくて目ばかりが痛くて弱った。

夜たまってゐた日記の画をかいた。

ピアノ。 おば様にまくわうりを頂いた。

明日は玉川プールへ行くので嬉しかった。

八月二十一日　水

今日お晝から　メリケン粉の配給を又　井ノ頭迄とりに行く。今日はおくれない様にと早く行ったらずい分待たせられて　家へ歸ったら日が暮れた。母は埼玉へおしへに行かれた。

お晝の殘りのジャガ芋と南瓜のたいたのをつぶして　それを一辺が十五cm位の正方形の形にかためて　私が名をつけてかんがへた〝ザブトン燒き〟をヒーターでこしらへた。とてもおいしく燒けた。

それからお風呂をたいた。

中々たけなくて目ばかりが痛くて弱った。

夜　たまってゐた日記の画をかいた。

ピアノ。

おば様にまくわうりを頂いた。

明日は玉川プールへ行くので嬉しかった。

八月二十二日　木

今朝はプールへ行くので　早くお掃除をすませた。それから洋服ダンスへ行って洋服を出さうとしたら鍵がないので大さわぎ。

弟が置き忘れた相で　お晝(ひる)すぎ迄さがしたがどこにもない。

ひっぱっても　おしても開けられぬのでシャクにさわって　あきらめてピアノをぽんぽこ彈(ひ)いた。

「洋服が出せなきゃどこへも行かれやしない」とプリ〳〵しながら……。

それから本氣(ほんき)で家中さがし　まるで二階の我々の部屋は大掃除同様のさわぎです。

その代り押入れがきれいになった。

後で見たら　化粧台のところにひっかけてあった。

母は桑さんへおしへに行かれた。洋三郎お兄様　歸(かえ)られる。

八月二十三日　金

今朝は　夜中に弟と私と二人ともお腹が痛くて　困ったつゞきでシク〳〵と痛む。

昨日　母が天火で焼かず　アメリカのバターのかんでパンを焼いたので中毒したらしい。

それでも朝　岡山のおばあ様がきとくだと言ふ電報を見て　はね起きた。

昨年　疎開してお世話になった　マヽのお母様。もうお亡くなりになるのかと思ふと　いやにさびしくしんみりして來ます。

母は私共の世話で行く事が出來ぬので　おば様が明日の朝早く代表して行かれる事になった。

明日はアメリカのチョコレートの配給。

おば様の家が一箇　家は子供だから五箇。弟と顔を見合せてそっとべろを出す。

八月二十四日　土

今朝　チョコレートの配給。
ベビールースっと言ふピーナツ入りチョコレート。
何と言っても甘いものが私達の好物です。
それからクロイツァー先生からお手紙が來て　二十八日におけい古に行く事になりました。
後四日ですから　大急ぎで練習しないと　又叱られます。
それでクロイツァーの　エチュードの別れの曲をレコードでかけて　しらべて見た。
お晝　ラヂオで日本の女の人がドビッシイのアラベスク*を彈いたが　へたくそでおかしい位。
夜　雷のすごいのが鳴って　弟と二人で　机の下へ入ったり　外へお茶*をかけに行くのも決死隊です。

＊アラベスク…ドビュッシー作曲のピアノ曲。
＊お茶をかけに行く…外の竈へお湯をわかしに行く。

HAVE YOU TRIED BABY RUTH COOKIES? THEY'RE DELICIOUS!
½ teaspoon salt
½ teaspoon vanilla
½ cup butter, or other shortening
2 Curtiss 5c Baby Ruth bars, cut in small pieces
Cream butter and sugar until smooth. Beat in egg. Stir in other ingredients. Chill and drop by half teaspoonful on greased cookie sheet. Bake in a moderately hot oven (375° F.) for 10-12 minutes. Makes 50 to 75 cookies.
RICH IN DEXTROSE: Dextrose is fuel for the body. It is the sugar used directly for energy within the body. Dextrose helps to overcome fatigue when body sugar is low. Your own doctor will tell you that Dextrose is the most quickly absorbed of all food sugars.
A DELICIOUS CANDY FOR QUICK FOOD ENERGY!
CURTISS
Baby Ruth
WT. 2 OZ.
T. M. REG. U. S. PAT. OFF.
Baby Ruth
Baby Ruth
Mfd. by CURTISS CANDY CO., Chicago, Ill.
CANDY INGREDIENTS ON REVERSE SIDE
RICH IN DEXTROSE THE SUGAR YOUR BODY USES DIRECTLY FOR ENERGY
CURTISS CANDIES
Producers of Fine Foods
Baby Ruth
INGREDIENTS: SUGAR, ROASTED PEANUTS, CORN SYRUP, CONDENSED SKIM MILK, DEXTROSE, COCOA, POW-
SALT GLYCERINE ALBUMEN ARTIFICIAL FLAVOR LECITHIN
U. S. PAT. NOS. 2,128,076—2,180,328—2,190,823—OTHER PATS. PENDING

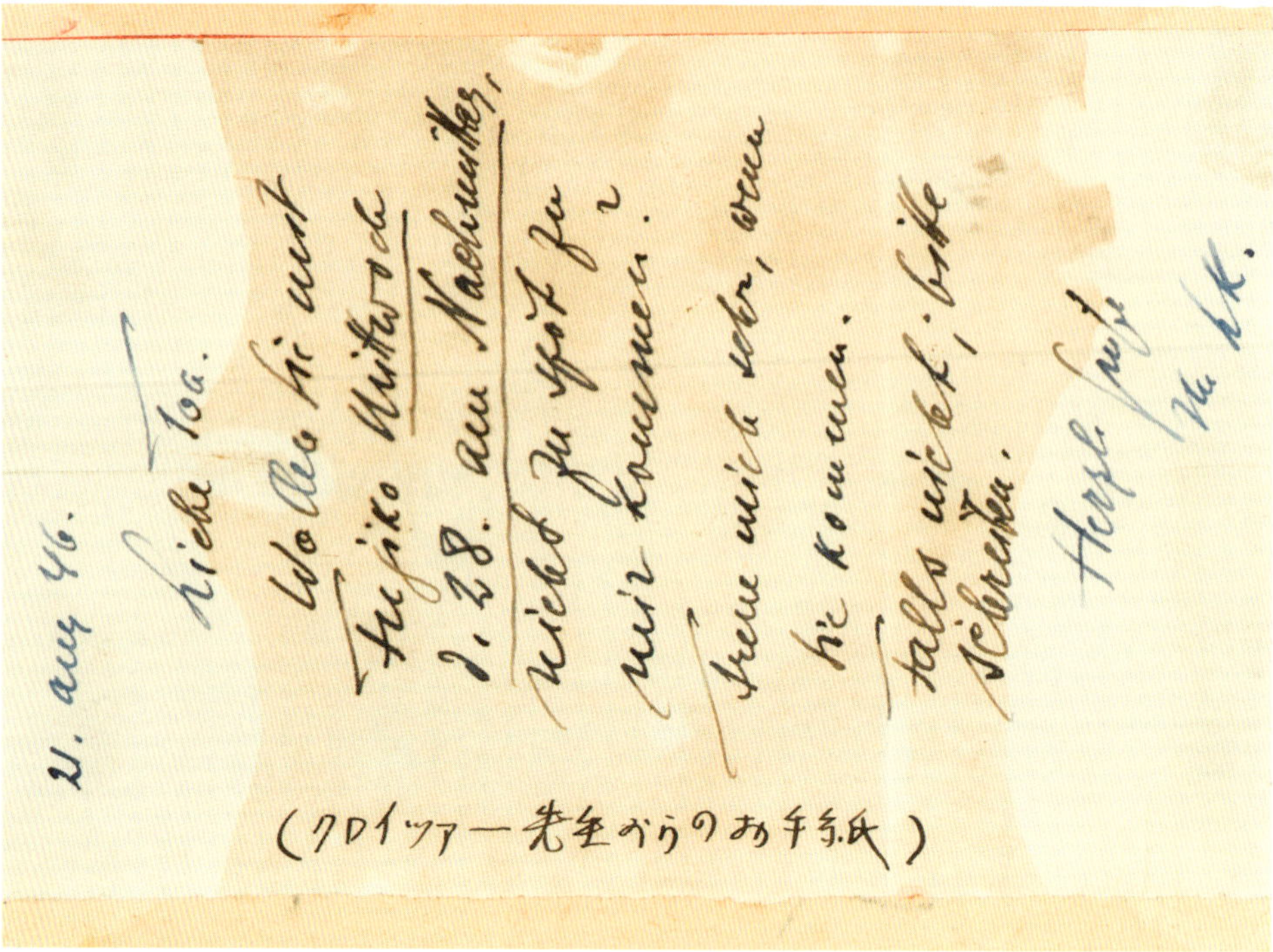

八月二十五日　日　雨後晴

今日は一日暗くて　今　何時なのか一つもわからず　おかしな日です。

ずっとピアノをやってゐたが　夕方　岡山から電報が來る。

〝スヾコニシラセ〟

と　おばあ様は未だ亡くなられぬらしい。

助かって下されば……。と思っても　どうしてもだめらしい。静岡のすヾ子おば様に電報を打ちに　弟と二人で行かうと思ったが　もうおそいので　明朝　私が行く事にした。

「ハハオカヤマニテキトク」だけ書いて置く。

夜もずっとピアノ。

お夜食に　一つ殘ってゐたチョコレートを　三人で分けて頂いた。

八月二十六日　月　（晴）

今朝　澁谷郵便局へ電報を打ちに行く。

それから興農園にて大長人參の種を買ふ。家へ十時頃歸る。

岡山県の難波さんのところから　又　電報が來て「ハハシス　ヨウハイセヨ　スズコニシラセ」とあった。今更どうにもならないが　夢の様な氣持に包まれる。

洋兄さんと母とで　寫眞やお供へものがそなへられてゐた。

拝んでから　私だけおくれて朝食。岡山でおばあ様におそわった　カボチャやあづきのお汁におだんごが入ってゐる　お汁粉にたものでおいしかった。それは洋兄さんがズルチン*を入れて下さった相で　とても甘かった。弟と二人で　私達の部屋におばあさまのお寫眞と　お花やおもちゃの果物などをかざった。

*ズルチン…戦後用いられた人工甘味料。現在は使用禁止。

八月二十七日（火）　晴

明日はクロイツァーのおけい古で　今日はいそがしい。今日は十時間以上しやうとがんばったのに　おけい古の人が小西さん達や四人來て　晝からあまり出來なかった。夜も猛練習。十時迄やってゐたが　何時もならもっと出來る筈なのに　体がつかれてしまって　ねむいので　朝早くしやうと思って床につく。

母は明日のおべん当の支度で大変。パンを焼いたり　あづきをつけたり　私達はのんきにねてしまったが　母は　又一晩中　靴下をつゞくってゐられた相だ。

家が焼ける前は　クロイツァー先生の家も私の家も　澁谷ですぐ行けたのに　もう二人とも遠く離れてしまってやっかいだ。

八月二十八日（水）　晴

今朝はお掃除を弟にまかせてピアノをやった。おそくとも十時半には家を出ねばならぬので　いゝかげんで止めた。

今日は弟を連れて行くので　ウルちゃん大元氣（げんき）。パンやかんづめのお食事を持って　吉祥寺から省線で東京驛（えき）へ行く。丁度運悪く　だっせんで　汽車がなか〳〵発車せず　一時間半も東京驛で待たされて　茅ヶ崎（ちがさき）へ向った。とても車内は込んで汗だくになったが　無事についで家へ向った。この前行った時より　よっぽど人がたくさん歩いてにぎやかでした。

お家へついたのは　三時すぎでした。お家へつくとすぐ　ホールでお茶を頂きました。何時見ても美しい家です。全体がクリーム色で　窓のふちや屋根はみんな赤で　前の先生の家よりずっとハイカラです。

今日のおけい古は　又　音のまちがひが多くて　あまりよくなかった。

やはり間の日が永いとだめだ。

それから母と先生がお話をしてゐる間に　弟と　庭につゞいた海へ行った。

ウルちゃんはへう本*にと言って　貝や海草を取った。持って來（き）たお食事を先生と一しょに　夕食に頂いた。先生は　先生のお弟子さんが四人も上野音樂學校（おんがくがっこう）の先生になったので　上機嫌です。

歸（かえ）りはすいてゐました。家へついたのは十時頃で　すぐねた。

＊へう本…標本。

レオニード．クロイツァー

八月二十八日（水）晴

今朝はお掃除を弟にまかせて
ピアノをやった。
おそくとも十時半には家を出
ねばならぬのでいゝかげんで止めた。
今日は弟を連れて行くのでウルち
ゃん大元気。
パンやかんづめのお食事を持って
吉祥寺から省線で東京驛へ行く。
丁度運悪くだっせんで汽車がなかく
発車せず一時間半も東京驛で待たさ
れて茅ヶ崎（チガサキ）へ向った。
とても車内は込んで汗だくになったが
無事について家へ向った。
この前行った時よりよっぽど人が多さう
歩いてにぎやかでした。
お家へついたのは三時すぎでした。

お家へつくとすぐホールでお茶を頂きまし
た。何時見ても美しい家です。
全体がクリーム色で窓のふちや屋根はみ
んな赤で前の先生の家よりずっとハイカラ
です。
今日のおけいこは又音のまちがひが多く
てあまりよくなかった。
やはり雨の日が永いとだめだ。
それから母と先生がお話しをしてゐる間に
弟と庭につゞいた海へ行った。
ウルちゃんはへよう本にと言って貝や海草
を取った。
持って来たお食事を先生と一しょに夕食
に頂いた。先生は先生のお弟子さんが四
人も上野音樂学校の先生になったの
で上気元です。
歸りはすいて楽でした。家へついたのは十時頃
ですぐねた。

八月二十九日（木）

今日は昨日の悪いところをさらった。

中々大きい間違へがある。

今度は學校（がっこう）の始まる前の九日がおけい古だ。

それに　次の三つの新しい曲を全部空でひく事になったので　てんてこ舞ひ。

未だ學校の宿題も殘（のこ）ってゐるので　どうやってこの間をすごしてよいかわからない。

母に「お縫物の宿題があるわ」と言ったら
「なあに　洋服なんか　私が手傳（てつだ）ってあげる」と言ったので
「やあよ　お母様の縫ひ方なんか蟻の行列みたいだって又新井先生に言はれますョ」と言って大笑ひ。

パンの配給があったので　夜も晝（ひる）もそれですました。

母は桑さんへ行かれた。

人生とのつき合い方

フジコ17歳、渋谷の家で

——夏の終わり

夏の終わりはいつも切ない気持ちになるけれど、1946年の夏は岡山の祖母が亡くなったこともあって、とくにしんみりした気分におそわれました。大好きな夏が終わる。何もできなかったような、焦る気持ちにもなりました。

クロイツァーのところでは、全部で24曲まであるエチュードのうち15番までいきました。家で母に聴いてもらうと「音を間違える！」と叱られ、イライラしたり、8番がなかなか弾けなくて、ヒステリーを起こしたりしたものです。

夏休みの最終日もお稽古。1番、2番は「ガンツ・グーテ（すごくいい）」でしたが、3番「別れの曲」は間違えて、8番も早く弾き過ぎました。「別れの曲」はこのころから弾いていますが、いまも難しく、いまも好きです。

この絵日記でとくに気に入っているのは、9月6日の日記。さつまいもどろぼうの図、よく描けているでしょう？　夜の畑は真っ暗で、何も見えないから空想です。数人が追いかけている音がして、「どろぼう！　どろぼう！」って聞こえるから出てみたら、もう捕まっていた。そういうことも、子どもにとっては面白かった。どろぼうは、する人もされる人も大変でしょうけど。

このころ、何にも売っていなくて、毎日、配給を取りにいかなくちゃいけない時代でした。今日はお米の配給、明日はメリケン粉の配給。次の日はさつまいもの配給……。三鷹台から吉祥寺まで歩いて取りにいくのです。真夏の太陽を浴びながら、玉川上水に沿ってずーっと歩きました。それで半日過ぎてしまう。日記には書いていないけれど、もう、心底うんざりする日々でした。

でも、夏休みも終わりのころになると配給の種類も増え、９月６日にはイワシが配給に。

　こんにゃくの配給もあって、こんにゃく入りの「やきやき」をつくっています。お好み焼きというより、パリのクレープみたいなもの。メリケン粉を溶いて、葱をちょっと入れて焼いて、お醤油をたらして食べるのです。バターや油が入ってないからしつこくない。いまだに好きです。


　この年は世界的な豊作の年で、お米も大豊作。浮かれているものの、国語やお裁縫など夏休みの宿題はちっともできていません。

　絵日記の最後は９月10日。「音楽が二時間になって嬉しい」なんて、夏休みも終わって新学期初日のことを書いています。「カッコー」の伴奏を弾かされるのを心配しているのは、音楽の福田先生が厳しい先生だったから。担任の今井先生は優しい先生で、コメントも丁寧に書いてくださっています。

「立派なピアニストになると同時に　立派な人になるようにという心掛けが大事です」

　クリスチャンの学校だなと思います。

　宿題よりも、一生懸命描いたこの絵日記。実は翌年も描いているのです。少し大人になった字で、長い巻き物になっています。それはまたいつか、お見せする機会があるでしょう。


　その翌年の夏までは三鷹台の伯母の家にいましたが、その後、母は伯母と大げんか。大切なピアノを一台売って、渋谷のＮＨＫの近くに土地と家を買いました。

　小さな小屋みたいな家だったけど、建ったばかりだから、まだ木の匂いがスーッとして、うれしかったのを覚えています。ドイツに行くまでその家に住んでいました。

　伯母の家と違って庭は小さかったけれど、花を植えました。姫百合やグラジオラス、チューリップ。花を見ていると、人間の業じゃないって思います。神様がおつくりになった。そうとしか考えられない。

映画館も近くにあったから、学校をサボって映画もたくさん観ました。観たのはフランスやイタリアなど、ヨーロッパの映画。日本映画だと黒澤明の『羅生門』に感激しました。4本立て、5本立て、なんていうのがあって、朝座ったら終わったときには腰が痛くなるほど。始まりは朝8時。お客さんは誰もいなくてネズミがチョロチョロ走り回っていました。

人気の映画は立ち見のときもあって、観ていたら後ろからハサミでスカートを切られたことも。びっくりして事務室に文句をいいにいったら「今日はこれで5人目です」って。

パリやイタリアに憧れたのは、そんな映画の影響もあります。父は画家では食べていけずに建築家になって成功しました。父の血が流れているせいか、私も家が好き。日本家屋も好きだけど、古い家に惹かれます。

いま住んでいるパリの家は1889年に建てられたアパルトマン。パリの建物は本当に美しい。爆弾からこの街を守るために、フランスはさっさとナチス・ドイツに白旗を掲げた。英断だったと思います。

向かいのアパートはフランス革命以前から建っているものだそうです。若くしてオーストリアからフランス国王のもとに嫁がされ、断頭台の露と消えたマリー・アントワネットもいたころです。

歳を重ねる

私の人生は、決して順風満帆というわけにはいかなかったけれど、こうしてみれば、無駄なことは一つもなかったと思うのです。

私の従兄はみんな出世して、ごちそうをたくさん食べて、そして早くに亡くなりました。私がジャガイモのスープしか飲めなかった時代に。

私は思うのです。神様は人間を、みんな質素に、「無きもの」には与えて、王様のような食事をしなければ、健康で長生きするようにおつくりになったんじゃないか、と。でも人間は欲が深いから、貧しい人にはやらないで自分ばっかり食べたりしてしまう。だから病気になって、早く死んでしまうのではないかしら。


お金がない生活がけっこう長く続いたけど、人からだまし取ろうと思ったことは一度もありません。お金がないのも、けっこう楽しい。

隣に住んでいる人の芝生が青いとか、いい車に乗っているとか、そんなのうらやましくもなんともない。自分は泥ハネした車に乗っていても、そんなのどうでもいいことじゃない。

もともと学校があまり好きではなかったのも、違和感を感じていたからです。人はみんな違う。思想だって何だって。それを一緒にまとめなくちゃいけない、っていうことこそ、おかしなことです。私は見た目も人と違っていたし、何をしても目立ったので、とくにそう感じたのかもしれません。


ふり返ってみれば、小さなころから「ここではないどこか」に憧れて、あちこち居を移してきました。けれど、どこも気に入らなかった。もっといいところがあるんじゃないか。ずっとそう思ってきたけれど、この世界に楽園はない。きっと、天国にあるのでしょう。

この世界ではパリが好き。街並はきれいだし、人はあれこれ干渉しないし、自由に息ができる。小さなころから「祖国」がなかった私にとって、それがいちばん大事なことです。目が合うと、ニコッとしてくれるのもすごく好き。飼っている犬を連れて、カフェで人を見ながらお茶を飲むのは、好きな時間の一つです。

恋もたくさんしました。私が好きになる人は決まってホモセクシャルか悪い男。恋愛って、他の人にはわからない。はたから見たらなんで？っていう人とくっついたり、別れたり。別れたら、なんであんなのと？なんて思う。それほど変な人って多い。でも、変な人のほうが魅力的だったりするから、ややこしいのです。

リストの「ため息」は思い出の曲。年下の恋人の、大学の卒業試験の課題曲で、一生懸命教えてあげた曲です。彼は合格して無事卒業。でも、オーケストラに入団して、さっさと引っ越してしまいました。ホモセクシャルでも悪い男でもなかったけれど、そういう別れもあるのね。

でもね、人生って、うまくいかなくても、そんな人生のほうが素敵だと思う。後から考えると。あのころは悪い男とあそこを歩いて楽しかったな、とか、すべてはいろんな肥やしになっていると思います。

中国で女優になりたい女性を描いた映画に、こういう台詞が出てきます。

“愛に注ぎ込んだ苦しみや涙は、決して無駄にはならない。その人はもういないけど”

私もそう思います。いろいろな目にも遭ったけど、それは全部、一つ一つが私のピアノの音になっている、と。

もし、14歳の自分に会えたなら、「正しい道を行ってください」っていうでしょう。だって、バチが当たるもの。何度も「これはバチだ」って思うことがありました。若いころは悪いこともいっぱいしたから。

でも、どうせ天国に行くなら、いちばんいいところに行きたいじゃない。だったら、神様が「これはしちゃいけない」ということをしないのは、何でもないことだと思うのです。それを守っていれば、いちばんいいところへ行けるんだから、それがいいじゃない。

人が傷ついたり、悲しんだりするのがいちばんいやです。それが私から出たものだったら、そんなのたまったものじゃない。まだ、自分が傷つくほうがいい。

人生、矢の如し。歳を重ねるって「驚き、桃の木」あっという間。最近はとくに早くて、可愛がっていた猫の「ちょんちょん」が死んでから一年以上も経ったなんて信じられません。

ちょんちょんが死んだとき、涙は出ませんでした。涙って涸れるのですよ。出し切ってしまうと。

でも、歳を重ねても気持ちは16歳のまま、変わっていません。この歳で16歳の心を持ち続けるには、人の影響を受けないこと。クラス会になんて絶対行きません。みんな、自分がおばさんだって思って話をするでしょう。そういうのは絶対いや。

たばこは18歳のときから吸っています。たばこ代も高くなったけど、やめません。原田芳雄さんが「フジコさん、たばこやめないほうがいいよ。カッコいいよ」っていったから。

私、肺には入れてないのです。ドイツの人にそれをいったら、「カネがモッタイナイからやめたほうがいい」って。ドイツ人はすぐカネ、カネっていうから。

いまお金があって幸せだなと思うのは、かわいそうな猫に餌をあげたりできること。捨てられたり、戦争で置き去りにされた犬や猫のために寄付をすることもできる。そんなこと、昔はできなかった。いまはそれができるのがすごくうれしい。

去年ウクライナに行ったとき、戦争で壊された家に小さな犬が5、6匹、親犬と一緒に棲みついていました。私は猫の餌をいつも持ち歩いているから、やろうとしたら、ダーッとすごい勢いで走ってきて、死に物狂いで食べていた。そういう悲劇が世界中で起きている。なんてかわいそうなんだろうと思います。

いま楽しみにしているのは、好きな人に会うこと。悪い男じゃなかったらいいな。

でも、どんな人でも一日つき合ったら疲れてしまって、次の日はつき合えません。好きな人だってそうなのだから、結婚なんて考えられない。

私はやっぱり孤独のほうが好き。毎日一緒にいたら、相手の食べものから何から心配して、クタクタになってしまうでしょう。自分の仕事ができなくなるのは、いやです。

悲しいのは、あんまり歩けなくなったこと。歩くのは好きで、昔から「歩く姿がカッコいい」っていわれていたけれど、いまはダメ。腰が曲がってしまった。こういう歳になるとみんなそうみたい。でも、舞台の上に立つとまっすぐになる。不思議です。

この絵日記を見返すたびに思い出します。

暑くて、忙しくて、毎日小さなことにドキドキしたり、甘いお菓子に喜んだり、ピアノを弾きながら憂鬱になったり、ため息をついたり、いたずらして笑ったり、何でもないことに涙が出たりしたあの14歳の夏。

描いている絵は、見ながら描いたものは一つもありません。表紙の絵も、空想。でも、三鷹台の家にはテニスコートがあって、伯母や母は時々テニスをしていました。いまでもテニスをしている母の大きな声が聞こえてきます。

私はこの絵日記を見ながら、14歳のころ思い描いた夢や、いろいろな空想にふけるのが、いまも好きです。

長生きして、これから世界がどうなるか、見てみたいとは思うけれど、巻き込まれたくはありません。

私は自分の人生を歩いていくだけです。

八月三十日（金）晴

今朝はピアノをせず　国語の宿題の殘りをやった。じ書が無いので　むづかしい文語の言葉は母に聞いた。

お晝からメリケン粉の配給で　弟と二人で井ノ頭迄とりに行く。

歸りも川ふちから歸りましたが　安藤先生のおばさま昔のゴマノハイ*の様なかっこうをして　清水さんのおばあさんと　私達の後からついて來られるので　おかしかった。

母は早川さんへおしへに行かれる。

もう八月も　明日一日で終らうとしてゐる。

私の一番好きな夏!!　又來年迄サヨナラ。

今年の夏は　しやうと思った事が何一つ出來なかった。

＊ゴマノハイ…護摩の灰。旅人の姿をして、旅客の持ち物を盗む泥棒。

八月三十一日（土）

昨夜　おば様が岡山からお帰りになった。

色々お話を聞いて面白かった。

おばあ様はずい分苦しまれた相ですが　死ぬ時には笑ってらした相でした。

今日は　浅野のちーおば様がおいでになる相で　家ではこの間のいとこ煮を作る筈でしたが　おいでにならなかったので作りませんでした。

こんにゃくの配給がありました。

夜　母に見てもらって　次の新しいエチュード　二つやりました。

音を間違へると言って叱られ　シャクにさわった。

九日迄にみんな上手に弾ける様になるかしら　と思って大心配。

明日から家が月当番なので　十時に寝ました。

九月一日（日）　晴れ

今朝　こんにゃくを入れたやき〳〵*をしました。
ウルちゃん　又お腹をこわしてしまひました。
朝の中（うち）ピアノ。
別れの曲の眞中（まんなか）のところの指が　クロイツァーの指でしなかったので　やりなほしで大へん。
自分の好きな指でやると
「私の指下さい‼」又は「わたしのゆびどうぞ‼」
と片言の日本語で　雷の如く頭から叱られます。
夕方　ちーおば様がとも子ちゃんを連れて來（こ）られた。
家では　いとこにを作り　おば様のお家ではパンや　おすのものを作られたので　晩食を一しょに頂きました。
お泊りになる筈でしたが　小さい共子ちゃんが泣くので
洋ちゃんにおぶられて歸（かえ）って行きました。

＊やきやき…小麦粉を溶いて、葱をいれて焼いたもの。

九月二日（月）　晴

今日から弟は學校が始まった。
式だけで歸って來たが　歸ると間もなく　かんづめの配給で母と安藤さんと弟は　当番なので井ノ頭へとりに行った。
私は　パンの素がふくれたのでスッパくならぬ中にと一人で天火で焼いた。
何時もと同じより　おいしくしてびっくりさせやうかと思って　ゴマを少しあんぱんの様にふりかけた。
今日はすばらしくよく出來た。それからカレーのお汁を作って　すっかり出來上った頃　母達が歸って來られた。
配給のかんづめも開けて　とてもおいしく頂いた。
お晝から　母は大里さんへおしへに行かれた。
私はピアノを弾いたり　弟の宿題を見て上げたりしました。

九月三日（火）晴

今日は弟が学校を休んだ。
朝食後に　昨日大里さんで頂いたなしを三人で分けていたゞいた。
久し振り　夏らしい甘い果物を食べておいしかった。
今年の秋は日本全国　それに世界中全部がお米の大豊作。
何だか嬉しくて〳〵ちょっとだまされてゐる様で仕方がない。
お晝すぎて井上さんが來られた。
エチュードは二十四の中　十五したので後九つ殘ってゐる。だん〳〵殘り少なくなって嬉しい。
それがすんだら　ラベルの水のたはむれ*？
ハーモニの勉強もしないとならぬし　なか〳〵忙しい。

*水のたはむれ…『水の戯れ』。ラベルによるピアノ曲。ホ長調。

九月四日　水　はれ

今日は別に何もないが　夜　哲一郎お兄様にアメリカのチューウヰンガムを半分づつ頂いた。
昨日の井上さんに頂いた相……。

九月五日（木）　ハレ

今日は押入レを片づけて　すっかりきれいにした。
お晝すぎ　井口さんがベートーベンの熱情をラヂオで彈かれた。
タバコの配給で　となり組の人が家へとりに來た。「お店って面白いもんね」と言って弟と二人で話し合ひました。主計長さんからお手紙が來た。それから何年振りか女學生にも似あはないシャボン玉をして遊んだ。
庭の柿がそろ〳〵ふくれて　あまくなり出した。
夕方ラヂオでエチュードの四番を放送したが　よい參考になって嬉しかった。

九月六日（金）　はれ

今日はお晝(ひる)に押麥(おしむぎ)が配給になるので　晝食は電氣(でんき)*パン。

それから昨夜　桑さんでいたゞいて來(き)たリンゴ。

夜は母が早川さんへおしへに行かれたので　私と弟で夕食の仕度。

イワシの配給になったのが他所の人の分も分けてもらったので　二十匹もあって燒(や)くのに大変。

それからお汁を作ったり　暗くなる迄してゐた。

食後休んでゐたら　裏の畠の方で二　三人の人が追っかけ合ってゐる足音がしたと思ったら「どろぼう　どろぼう」と高橋さんのお兄さんが叫んで　近所のお百姓さんがワイ〳〵出て來てつかまへた。

弟とすぐ見に行ったら「誰？」と言はれたので「僕です」とウルフが答へた。あやしまれては大へん。どろぼうはおさつ*をとりに來た相で　つれて行かれた。

＊電氣パン…パン生地に直接電気を流して作るパンのこと。戦中・戦後、木の箱にブリキ板を貼った「電気パン焼き器」で作った。

＊おさつ…さつまいも。

九月七日（土）　晴

今日　朝から目が痛くなり出した。

九日はおけい古日ですから早くなほさないとだめなのでほう酸で洗ったり　目藥(めぐすり)を差しました。

後おけい古の日迄一日しか練習で來ないので　殘(のこ)ってゐる學校(がっこう)の宿題も出來ない。

「私みたいにのんきな人　クラスに居ないかナァー」と思ってイラ〳〵するけれど　時間ばかりが　トットコトットコ走って行って　向ふの方でアカンベイをしてゐる様でくやしい。

晝からみつ橋さんと荒木孃がおけい古に來られて　待つ間に　みつ橋さんは荒木さんの日記をせっせとうつしとってゐるのに　あきれた。

まだ私の方が　ましです。夜もずっとピアノ。

母にお縫物の宿題のかたがみを手傳(てつだ)って頂く。

さつまいもどろぼうの図

九月七日（土）晴
今日朝から目が痛くなり出した。

九日はおけい古日ですから早くなほさないとだめなので ほう酸で洗ったり 目薬を指しました。

後おけい古の日迄一日しか練習で来ないので残ってゐる学校の宿題も出来ない。

「私見たいにのんきな人 クラスに居ないかナアー」と思ってイライラするけれど時間ばかりがトットコトットコ走って行って向ふの方でアカンベイをしてゐる様でくやしい。

昼から みつ橋さんと荒木嬢がおけい古に来られても待つ間に みつ橋さんは荒木さんの日記をせっせとうつしとってゐるのに あきれた。

まだ私の方が ましです。 夜もずっとピアノ。

今日はお晝に押麦が配給になるので晝食は電気パン。それから昨夜桑さんでいただいて来たリンゴ。
夜は母が早川さんへおよばれに行かれたので私と弟で夕食の仕度。
イワシの配給になったのが他人の分も分けてもらったので二十匹もあって焼くのに大変
それからお汁を作ったり暗くなる迄やってゐた。
食後休んでゐたら裏の畠の方で二三人の人が追っかけ合ってゐる足音がしたと思ったら「どろぼうどろぼう」と高橋さんのおばさんが叫んで近所のお百姓さんがワイワイ出て来てつかまへた。
弟とすぐ見に行ったら「離れて」と言はれたので「僕です」とウルフが答へた。あやしまれては大へん
どろぼうはおさつをとりに来た相で つれて行かれた。

九月八日（日）晴

ます〳〵目が痛くなって來た。

明日　行けるかしら？

何しろ朝から猛練習。何時でもこんなに出來たら……と思っても　中々出來るもんではありません。八番のテクニックが出來なくてヒスを起した。

ヒステリみたいに　やけにたゝいて弾いたってどうにもならないけれど　二階で平氣な顏をして何かしてゐる母がシャクにさわった。

それでも見て頂いた。

晩に明日の洋服の仕度をした。お風呂は昨日入ったのでせっかくわかして頂いたが　入るのは止めた。

とう〳〵又　明くる日　汽車にゆられて雷様のところへおけい古に行くのかと思ふと　空襲より恐しい。

二　三日前に色々な音樂家が私を笑ってゐる夢を見たから。

九月九日　月曜日　晴

朝早く起きてピアノをやった。和子さんからはがき。
何時でも間際になって　音の間違ひを発見する。
前髪がのびたので少し切るつもりだったのに　おでこが
大長になる位切ってしまって　いやんなった。
お辨当の仕度がおそくなって　十二時頃家を出た。
省線がなか〱東京驛迄行かず止ってしまったりして
東京で汽車に乘ったのは三時過ぎ。
この間よりはすいてゐたが　だん〱こんで來た。
向ふへ着くと　お茶を頂いてすぐ彈いた。
一番も〝ガンツグウテゥ〟*。しめ〱と喜んでゐると
二番も意外〱〝ガンツグゥテゥ〟。
別れの曲は少し間違った。
やっぱり八番も早く彈きすぎた。
とにかく全部彈いてしまったが　今度は十二も彈くのは
大変だから　四つ位ずつ完全に彈いて來る事になった。
自分の好きな曲だから　別れの曲　四番　五番の黑けん
のエチュード　八番。

それから食堂にて御一しょにお夕飯を頂く。
私の洋服がハイカラだとほめられて嬉しかった。
弟に配給になった氷飴を　母が先生に少しさし上げた。
それから白いパンにあんずのジャムをのせたのを先生に
頂いた。お辨当のパンとは違って　又おいしい。
又一しょに驛迄三人で行った。
今次三十日迄に先生と英語でシャベレル様に　と先生が
言はれたので大変。少シ進駐軍でもヒッパッて來ないと
大変だ。歸宅時間十一時。

*ガンツグゥテゥ…ガンツ・グーテ。ドイツ語で、「すごくいい」。

よくお書きになりましたね。
あなたの生活がよく分ります。
立派なピアニストになると同時に立派な人になりませう
といふ心掛が大事です。

今井先生の字

(火)

今日から学校。森さんが九時半始りだと言はれた相なのでまあと思って八時過ぎに行って見たら誰もあまりゐないのでどうしたのかと思ってゐたらそろ〱水谷さんや加藤さんが來られた。みんなまち〱な事を言はれるので面くらったが後から皆式をすんで上って來られた。今度から月曜日曜とお休み。音樂が二時間になって嬉しい。家へ歸ってから宿題の残りをした。明日カッコーの伴奏彈かされるかなと思って少し心配になった。彈けるけど福田先生と聞くと胸がドキリとする。

九月十日（火）

今日から學校。桑さんが九時半始まりだと言はれた相なので　まあと思って八時過ぎに行って見たら　誰もあまりゐないのでどうしたのかと思ってゐたら　そろ〳〵水谷さんや加藤さんが來られた。

みんなまち〳〵な事を言はれるので面くらったが　後から皆　式をすんで上って來られた。

今度から月曜　日曜とお休み。

音樂が二時間になって嬉しい。

家へ歸ってから宿題の殘りをした。

明日　カッコーの伴奏　彈かされるかなと思って少し心配になった。

彈けるけど　福田先生と聞くと　胸がドキリとする。

よくお書きになりましたね。
あなたの生活がよく分ります。
立派なピアニストになると同時に　立派な人になるやうにといふ心掛けが大事です。

今井先生の字

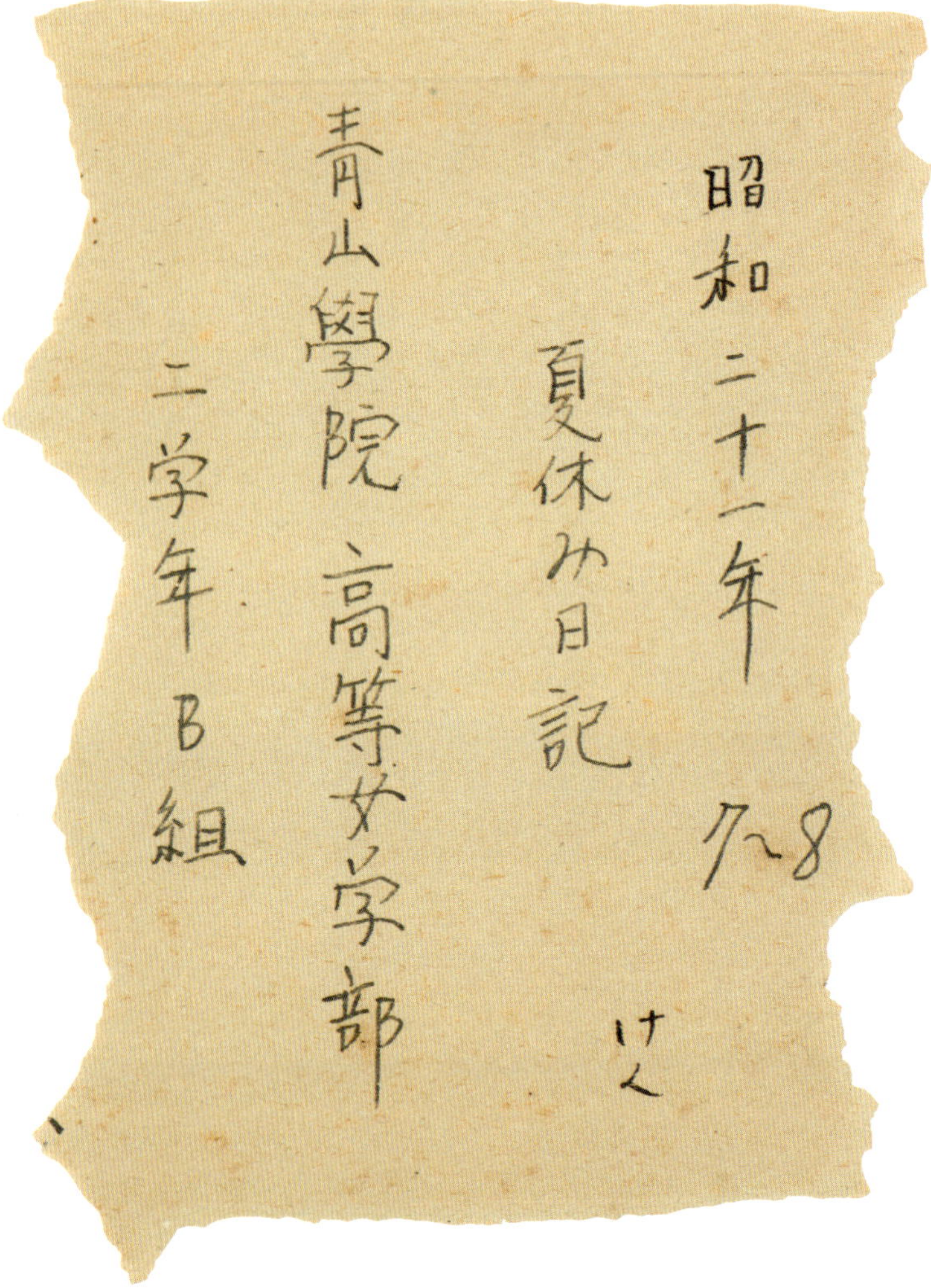
昭和二十一年 7〜8
夏休み日記
けん
青山學院 高等女学部
二学年 B組

日記帳の裏表紙

おわりに

この絵日記に描かれている毎日の出来事は、少し滑稽に表現されていますが、ほんとうは、つらく悲しい戦争から受けた深い心の傷で（私の犬も、とら猫も、戦争の犠牲で命を落としました）、うつ病のようなおそろしい日々も続きましたことをわかっていただきたいです。

私はそのころ、遠くに浮かぶ入道雲を見るのが日々の大きな楽しみでした。好きな音楽のレコードを聴きながら、白い雲のかなたに素晴らしい幸福があると夢見、また、信じたものでした。

山のあなたの空遠く
「幸（さいはひ）」住むと人のいふ。
噫（ああ）、われひとゝ尋（と）めゆきて、涙さしぐみ、かへりきぬ。
山のあなたになほ遠く
「幸」住むと人のいふ。

「山のあなた」カール・ブッセ 詩　上田敏 訳

けれども、あると信じた幸福は、雲の向こうにはありませんでした。
それに気づくのは30歳を過ぎてからです。
人生を旅するうちにだんだんわかっていきました。

幸せは、待っているものではない。
ぼたもちみたいに降ってくるものでもない。
自分がゆるされる限り、もらった限りの範囲で、自分でつくるしかない。

それでも、いまも夏が大好きなのは、あのころのときめきを思い出すからだと思うのです。

この本の最後に収録したショパンの「バラード第1番」は、母が持っていた楽譜で、クロイツァーが編集したもの。書き込みはドイツ語だったり、日本語だったり。めくっていた部分はもうボロボロ。疎開先の岡山に持っていって、いちばんよく弾いていたのがこの曲です。

この曲は長いから、本当に集中していないと最後まで弾けません。いまもなかなか弾けないくらい難しい。けれど、美しく、大好きな曲です。

母のおかげで私はピアノに出会い、ピアノのおかげでいろいろな悲劇にも遭ったけれど、いまはこうして自立して生きていける。

幸せな人生だと思います。

この本を手に取ってくださったあなたに心から感謝します。

あなたの人生が、あなたにとって、幸せなものでありますように。

2018年　初夏

フジコ・ヘミング

出版によせて

映画監督　小松荘一良（そういちろう）

まるで表紙から弾むような笑い声が聞こえてきそうな鮮烈さだった。

この絵日記に対面した時、僕は最初にそう思ったのです。

テニスコートでの楽しげな瞬間。ハッとするような色使い。お洒落に興味を持ち始めた目線で描かれたファッション性とバランス。暗い時代が終わって、平和と自由を思いっきり享受しているかのように華やぐ〝空想の〟女性たち。そして、いよいよ、その表紙をめくると、音楽家を夢見る主人公がピアノと向き合っている……。

まさに映画館で青春映画の名作が始まっていくかのような展開。この少女の夏の物語に僕は心がときめきました。


二〇一五年から二〇一八年まで、僕はドキュメンタリー映画『フジコ・ヘミングの時間』を作るため、世界を旅するフジコさんや弟のウルフさんにカメラを向けていた。その取材の過程で、偶然この絵日記に出会ったのです。

なにげない日常ですが、十四歳の少女にとっては毎日が特別なニュースの連続。その感受性や洞察力、そして胸に秘めた未来への希望と不安が瑞々しく伝わってきました。特に、おませに長編小説『風と共に去りぬ』に触れるシーンと、おばあさまが亡くなったシーンには、少女の成長への憧れと死への畏怖が感じられ、胸がどきどきしたのを憶えています。

終戦から一年、父が外国人であっても、もう差別されない時代の始まり。フジコさんが描いた、懸命に生きる小さな家族の暮らしの記録は、歴史的にも貴重な資料として保存されるべきでしょう。僕はこの少女の夏物語を未来へと伝えるために、何としてもその全貌を本として残したいと願いました。

フジコさんが小学生の頃から書き続けたという膨大な日記。その中でも、この十四歳の時の絵日記を一番気に入っていると話してくれました。しかし、物資が乏しい時代、思い描いた夢は、質の悪い紙にしか書き残せなかったと悔やんでいました。少女の思いは、いま時を超え、上質な紙と活字、製本によって完成されました。ぬくもりのある紙文化にこだわる、暮しの手帖社による手作りのような絵日記。ぜひ、お気に入りのフジコさんの音楽を聴きながら、あの夏の日へと、ゆっくりと時間旅行してみてください。

いくつになっても、少女のように好奇心旺盛で、清らかな心を持ち続けるフジコ・ヘミングさんへ、愛と敬意を込めて。

パリのアパルトマンから

女学生のころつくった、お気に入りの人形。スカートとズボンは、幼いころ着ていた、母の手縫いの洋服を使った（33頁写真右）。右端は、スウェーデンの叔母が送ってくれた人形の民族衣装。

Verlag DIE WELT, Berlin-Tempelhof, Mariendorfer Damm 1/3, Tel. 75 05 86

Fast überraschend erwies sich die junge Japanerin Fujiko Hemming gegen Ende des Konzerts im Kunstamt Charlottenburg als bedeutendes pianistisches Talent. Bachs 'Präludium und Fuge d-Moll (aus dem ersten Band des „Wohltemperierten Klaviers"), Beethovens Sonate „Les adieux" und die Ballade f-Moll von Chopin, die sie im ersten Teil des Abends spielte, klangen noch etwas grob und unruhig.

In den Stücken von Debussy und in der „Rondenna" von Albeniz war die Farbskala Fujiko Hemmings auf das helle Glitzernde beschränkt.

Dann aber, vor allem in „Au Bord d'une Source" von Liszt, gewann ihr Vortrag Geschmeidigkeit, ja Eleganz; der Anschlag war jetzt auch im Forte differenziert. Virtuosität und prägnante Phrasierung zeichneten die Interpretation der Zweiten ungarischen Rhapsodie aus. -ie-

"Die Welt" Berlin 1960年
ヨーロッパに渡ってから初めて掲載された、演奏会の新聞記事。すばらしい演奏に驚いた、と評された。

アンティークのシャンデリアや家具を揃えた、心地よい空間。本棚には、古い本がたくさん並べてあり、中庭を望む窓がある。ネコの隠れ部屋にもなっている。

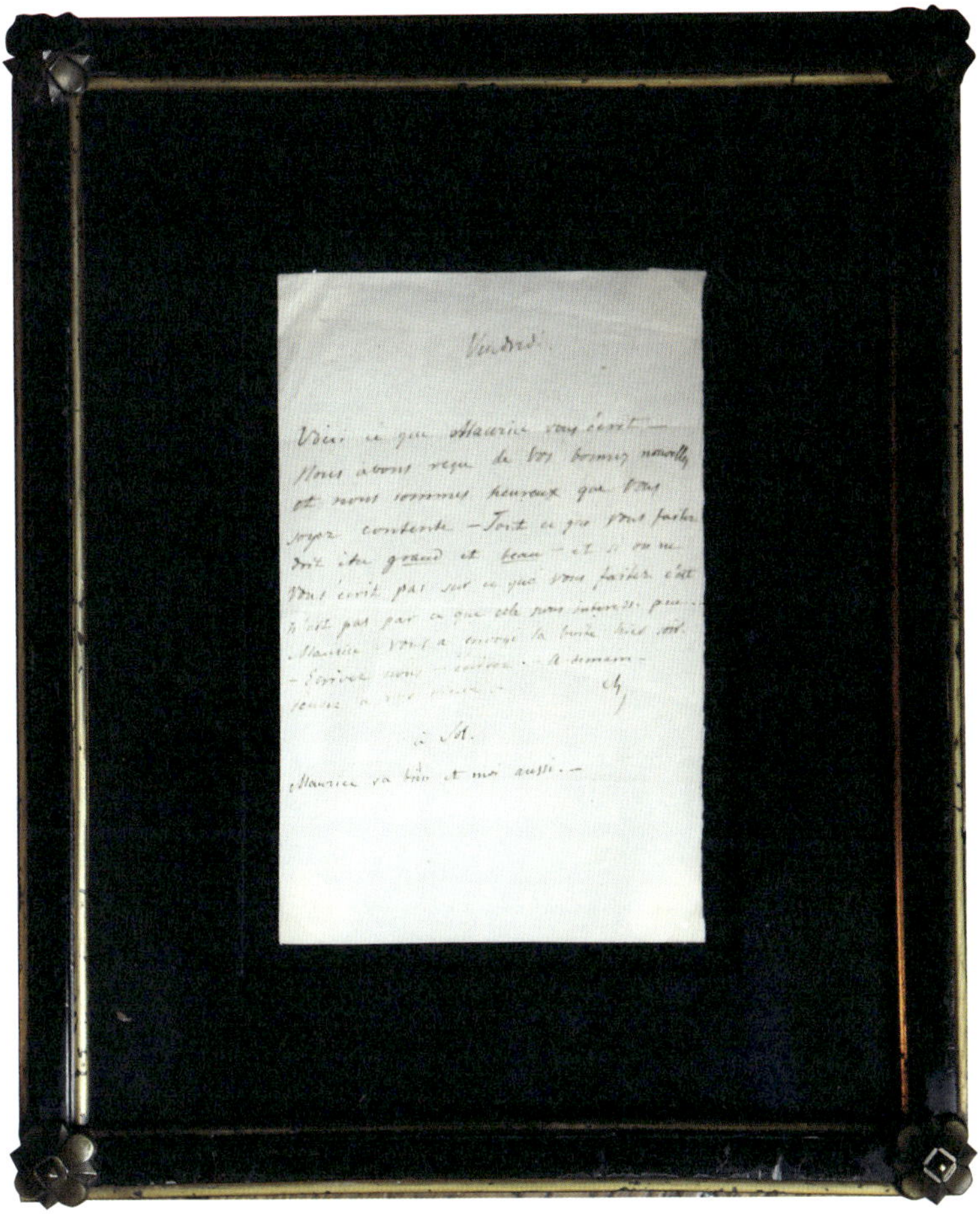

Vendredi.

Voici ce que Maurice vous écrit —
Nous avons reçu de vos bonnes nouvelles
et nous sommes heureux que vous
soyez contente — Tout ce que vous faites
doit être grand et beau — et si on ne
vous écrit pas sur ce que vous faites c'est
n'est pas par ce que cela nous intéresse peu —
Maurice vous a envoyé la boîte hier soir.
— A demain —

Ch

à Sd.

Maurice va bien et moi aussi. —

パリにいたショパンが、ノアンにいるジョルジュ・サンドへ書き送った直筆の手紙。入手したとき、うれしくて毎日撫でていたくらい、大切な宝物。額もその時代のもの。

父が英字新聞で描いていた、風刺画。車内には「SEE ROMANTIC JAPAN」というポスターがあるが、窓の外は電線だらけの風景。

KLAVIERWERKE
IN DER TONMEISTER-AUSGABE

J. S. BACH
(EDWIN FISCHER)

Nr.
10. Englische Suiten I, Nr. 1/3
11. Englische Suiten II, Nr. 4/5
12. Englische Suiten III, Nr. 6
5. Fantasien und Fugen
6. Präludien und Fugen
7. Fantasie c-moll
Chromatische Fantasie
8. Französische Suiten I, Nr. 1/3
9. Französische Suiten II, Nr. 4/6
*3. Zweistimmige Inventionen
*4. Dreistimmige Inventionen
*6. Italienisches Konzert
13. Partiten I, Nr. 1/2
14. Partiten II, Nr. 3/4
15. Partiten III, Nr. 5/6
*1. Zwölf kleine Präludien und sechs kleine Präludien
16. Toccaten und Fugen I, Nr. 1/2
17. Toccaten und Fugen II, Nr. 3/5
18. Toccaten und Fugen III, Nr. 6/7
167. Das wohltemperierte Klavier Band I, Heft 1
168. Das wohltemperierte Klavier Band I, Heft 2
169. Das wohltemperierte Klavier Band I, Heft 3
41. Das wohltemperierte Klavier Band II, Heft 1
111. Das wohltemperierte Klavier Band II, Heft 2
170. Das wohltemperierte Klavier Band II, Heft 3
2. Leichtere Vortragsstücke
165. Variationen in italienischer Manier, Fuge über den Namen Bach, Präludio, Allegro und Fuge Es-dur, Capriccio über die Abreise des geliebten Bruders

BEETHOVEN
(ARTUR SCHNABEL)

155. Albumblatt „Für Elise"
161. Andante F-dur (Andante favori)
156/158. Bagatellen I/III
*123/153. Sämtliche Sonaten und Sonatinen in Einzel-Ausgaben
162. Ecossaisen
159. Fantasie g-moll op. 77
154. Rondo C-dur op. 51 Nr. 1 und Rondo G-dur op. 51 Nr. 2
207/211. Variationen F-dur op. 34; Es-dur op. 35 (Eroica); C-dur op. 120 (Diabelli); c-moll; G-dur (Nel cor più) u. a.

* * *

CHOPIN
(LEONID KREUTZER)

*115, 116, 163, 164. Balladen Nr. 1–4
*171/177, 247, 248. Etüden I/IX
*200. 3 Impromptus
*117. Fantasie f-moll op. 49
*118. Fantaisie-Impromptu
*222/228. Mazurkas I/VII
*112/114, 234/236. Nocturnes I/VI
*193/199. Polonaisen I/VII
*178, 179, 245, 246. Präludien I/IV
*180/182. Rondos I/III
*204/206, 50. Scherzi I/IV
*183, 184. Sonaten b-moll, h-moll
*249/256. Walzer
191. Allegro de concert A-dur op. 46
189. Berceuse Des-dur op. 57
Barcarole Fis-dur op. 60
190. Boléro a-moll op. 19, Tarantelle op. 43
202. Klavierkonzert Nr. 1. e-moll, op. 11
203. Klavierkonzert Nr. 2. f-moll, op. 21
192. Variations brillantes

* * *

HÄNDEL
(JAMES KWAST)

*119, 120. Suiten A-dur, F-dur/d-moll
*121, 122. Suiten G-dur/E-dur, fis-moll
*229, 230. Suiten g-moll/f-moll
*231, 232. Suiten h-moll/d-moll, d-moll
*233. Suiten e-moll, B-dur

HAYDN
(JAMES KWAST)

*68/79. 12 Sonaten in Einzelausgaben

* * *

MENDELSSOHN
(MAYER-MAHR)

58. Andante cantabile e Presto agitato H-dur, Capriccio fis-moll op. 5
53. Drei Capricen op. 33
60. Capriccio brillant h-moll op. 22
51. Sieben Charakterstücke op. 7
*67. Sechs Kinderstücke op. 72
63. Konzert d-moll op. 40
61. Konzert g-moll op. 25
*42/49. Lieder ohne Worte I/VIII
54. 6 Präludien und Fugen op. 35
56. 3 Präludien u. Etüden op.
*66. Fantasie fis-moll op. 28
62. Rondo brillant Es-dur op. 29
*65. Rondo Capriccioso E-dur op. 14
*55. Variations sérieuses op. 54
52. Drei Capricen op. 16
Capriccio, op. 118, Etüde f-moll, Scherzo h-moll

* * *

MOZART
(CARL FRIEDBERG)

*84/100. Sämtliche Sonaten in Einzel-Ausgaben
216. Fantasien d-moll, C-dur
*217. 2 Fantasien c-moll
218. 3 Rondos a-moll, D-dur und F-dur
219/220. Variationen I/II

SCHUBERT
(CONRAD ANSORGE)

*101. Wanderer-Fant. C-dur op. 15
102. Fantas.-Sonate G-dur op. 78
*106. Sonate a-moll op. 42
*107. Sonate D-dur op. 53
*108. Sonate B-dur (nachgelassenes Werk)
109. Sonate A-dur op. 120
110. Sonate a-moll op. 143
*201. 6 Moments musicaux op. 94
*103, 104. 4 Impromptus op. 90
*105, 221. 4 Impromptus op. 142

* * *

SCHUMANN
(MAYER-MAHR)

*19. Abegg-Variationen op. 1
*20. Albumblätter op. 124
*28. Album für die Jugend op 68
*21. Arabeske op. 18
Blumenstück op. 19
22. Carnaval op. 9
23. Concert sans Orchestre op. 14
24. Davidsbündler op. 6
25. Etudes symphoniques op. 13
26. Faschingsschwank aus Wien op. 26
27. Humoreske op. 20
…nen op. 15
*30. Kreis… 16
31. Nachtstücke op. …
*33. Papillons op. 2
34. Phantasie C-dur op. 17
*35. Phantasiestücke op. 12
*37. Romanzen op. 28
39. Sonate fis-moll op. 11
*40. Sonate g-moll op. 22
38. Toccata op. 7
*36. Waldszenen op. 82
*237/244. 8 Novelletten op. 21

* * *

WEBER
(BRUNO EISNER)

212. Aufforderung zum Tanz op. 65
213. Sonate C-dur op. 24
214. Sonate As-dur op. 39
215. Sonate d-moll
258. Konzertstück f-moll op. 79
259. Rondo brillant op. 62
260. Momento Capriccioso
261. Polonaise E-dur op. 21

*Die mit * bezeichneten Werke sind bereits erschienen oder im Druck, die übrigen folgen in kurzen Zwischenräumen*
Jedes Heft ist einzeln käuflich / Bei Bestellungen genügt Angabe der Nummer

IM VERLAG ULLSTEIN / BERL…

楽譜は巻末からご覧下さい。

FRÉDÉRIC CHOPIN

SONATEN

b-moll — si bémol mineur — b flat minor

Grave — Doppio movimento (allegro assai) — Op. 35

A. 83

h-moll — si mineur — h minor

Op. 58

T. A. Nr. 184

SCHERZI

Nr. 1. h-moll — si mineur — h minor

Presto con fuoco — Op. 20

A. 204

Nr. 2. b-moll — si bémol mineur — b flat minor

Presto — Op. 31

T. A. Nr. 205

Nr. 3. cis-moll — ut dièse mineur — c sharp minor

Presto con fuoco — Op. 39

A. 206

Nr. 4. E-dur — mi majeur — e major

Presto — Op. 54

T. A. Nr. 50

IMPROMPTUS

…bémol majeur — a flat major

…, quasi presto — Op. 29

A. 200

Nr. 2. Fis-dur — fa dièse majeur — f sharp major

Allegretto — Op. 36

T. A. Nr. 200

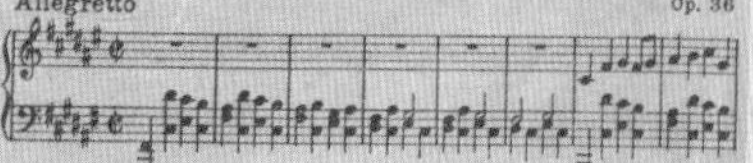

Nr. 3 Ges-dur — sol bémol majeur — g flat major

Tempo giusto (Allegro vivace) — Op. 51

A. 200

Fantaisie-Impromptu cis-moll — ut dièse mineur — c sharp minor

Op. 66

T. A. Nr. 118

BALLADEN

g-moll — sol mineur — g minor

Largo — Op. 23

A. 15

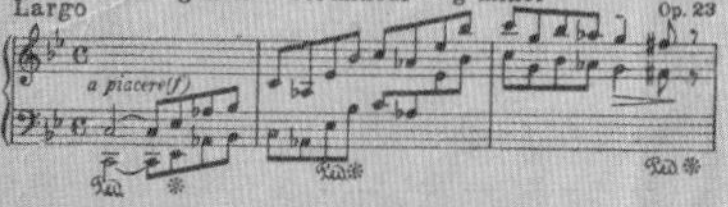

F-dur — fa majeur — f major

Andantino — Op. 38

T. A. Nr. 116

As-dur — la bémol majeur — a flat major

Allegretto — Op. 47

A. 63

f-moll — fa mineur — f minor

Andante con moto — Op. 52

T. A. Nr. 164

フジコ・ヘミング14歳の夏休み絵日記

二〇一八年六月二十六日　初版第一刷発行
二〇二四年十二月十九日　第五刷発行

著　者　フジコ・ヘミング
発行者　横山泰子
発行所　株式会社　暮しの手帖社
東京都千代田区内神田一ノ十三ノ一　三階
電　話　〇三-五二五九-六〇〇一
印刷所　株式会社　精興社

ISBN978-4-7660-0208-9 C0095

企画・特別協力　小松莊一良
編集協力　村崎文香
編集　佐藤礼子
写真　Costanza Canali（人物、パリのアパルトマン、帯）、中村彰宏（絵日記、楽譜）

協力
平山雄一、小松上花（スピントーキョー）、高橋淳（青葉ピアノ）、千葉広二（祭）
グルダン　エイジロウ、ダミアン・グルダン・タカハシ、菊地早苗（TOMOE）
日活宣伝部、「フジコ・ヘミングの時間」フィルムパートナーズ

絵日記の書籍化にあたり、次の方針で編集しました。
・原本は左綴じ、左頁から綴られていますが、左右を入れ替え（一部を除く）、日付順に収録しました。
・絵の見やすさを優先するため、下欄の書き文字パートのほとんどをカットしています。
・書き文字は読みやすいよう、活字に起こしました。文字の表記は原文を尊重し、旧仮名遣い、旧漢字のままとし、適宜ルビを振りました。明らかな誤り等は、改めました。
・24頁の人物の絵は、著者の意向で修正を加えました。
・本文中で、今日の人権意識に照らして不適切と見られる表現がありますが、当時の社会的状況を考慮し、そのまま収録しています。

パリのアパルトマンで、愛猫ニャンスキーと。

フジコ・ヘミング

本名ゲオルギー・ヘミング・イングリット・フジコ。ピアニスト大月投網子（とあこ）とロシア系スウェーデン人の画家／建築家ジョスタ・ゲオルギー・ヘミングを両親として、ベルリンに生まれる。5歳のとき、帰国。母の手ほどきでピアノを始め、10歳からレオニード・クロイツァー氏に師事。東京藝術大学卒業後、28歳でドイツへ留学。ベルリン音楽学校を優秀な成績で卒業。オーストリアのウィーンで暮らす。

その後、レナード・バーンスタインの支持もあり、ブルーノ・マデルナに才能を認められ、ソリストとして契約。しかしリサイタル直前に風邪をこじらせ、聴力を失う。失意のなか、ストックホルムに移住。耳の治療に専念しながら、音楽学校の教師の資格を得、以後ドイツに暮らし、ピアノ教師をしながら欧州各地で演奏活動を続ける。

母の死後、１９９５年に帰国。99年、ＮＨＫのドキュメンタリー番組が大反響を起こし、デビューＣＤ『奇蹟のカンパネラ』は、クラシック界異例の大ヒットを記録。２０１８年、ドキュメンタリー映画『フジコ・ヘミングの時間』公開。パリと東京で暮らし、世界中でソロ公演や、著名オーケストラとの共演を重ねた。

米国同時多発テロ被災者のために、1年間、ＣＤの印税をすべて寄付。東日本大震災復興支援チャリティコンサートや、犬や猫をはじめ動物愛護団体を援助するための活動を続けた。

母から譲りうけた楽譜、ショパン「バラード第1番 ト短調」。疎開先の岡山の学校でこの曲を弾いたとき、たくさんの兵隊がよろこんでくれた。

CHOPIN

BALLADE NR. 1
G-MOLL
OP. 23

(LEONID KREUTZER)

TONMEISTER-AUSGABE
Nr. 115

VERLAG ULLSTEIN

Georgii-Hemming

Zum 100. Todestag des Komponisten **Franz Liszt**

Musik, bis die Polizei eingriff

● „O, Du liebstes Meisterwerk Gottes, wie ich Dich anbete", schrieb die Fürstin Sayn-Wittgenstein aus Weimar dem damaligen Hofkapellmeister Franz Liszt. Und eine andere Hochherrschaftliche, die französische Gräfin Marie d'Agoult, gebar ihm gar drei Kinder (darunter die spätere Wagner-Gefährtin Cosima), obwohl sie noch anderweitig verehelicht war.

Der junge Virtuose Franz Liszt (oben) und im hohen Alter

Es ist wohl der Diskretion seiner Biographen zu verdanken, daß der große Liszt (1811-1886) auch genau 100 Jahre nach seinem Tod als begnadeter Komponist und Klavier-Virtuose gewürdigt wird – und nicht etwa als Don Juan, der die Frauenherzen gleich reihenweise knickte.

Am 27. 7. (Porträt) und am 31. 7. (Gedenkkonzert) ehrt die ARD den Mann, den eine russische Adlige erschießen wollte und dessen Musik die Nazis als „Fanfare" für sogenannte Sondermeldungen mißbrauchten (Motiv aus der sinfonischen Dichtung „Les Préludes"). Liszts Musik-Besessenheit war derart groß, daß er in Weimar sehr viele Klavierschüler unterrichtete, bis die Polizei das Üben bei offenem Fenster verbot. Und Karikaturisten zeichneten ihn als Ungeheuer mit zwanzig Fingern ...

FRÉDÉRIC CHOPIN

BALLADE NR. 1

G-MOLL

OP. 23

HERAUSGEGEBEN

VON

LEONID KREUTZER

TONMEISTER

AUSGABE

Nr. 115

ULLSTEIN / BERLIN

VORWORT

Augenscheinliche Irrtümer im Text sind ohne weiteres verbessert worden. Subjektive Änderungen des Herausgebers sind durch kleinen Stich angedeutet. Die Vortragsbezeichnungen sind, soweit sie von Chopin stammen, in den Grundzügen festgehalten. / Phrasierungsbögen sind durch die Zeichen ⌐ und ¬ ersetzt. (Anfang, resp. Schluß eines Gedankens.) / Das Pedal muß in der Regel nach der Note getreten werden, unter der das Zeichen steht. / Nur nach einem vorausgegangenen Staccato oder einer Pause darf es gleichzeitig mit dem Erklingen genommen werden. / „'Ped“ bedeutet das Einschalten einer allgemeinen Hand- und Pedalpause, worauf das Pedal gleichzeitig mit dem Erklingen genommen werden muß. / Folgen zwei Pedalzeichen aufeinander, so wird das Pedal genau mit der neuen Note aufgehoben und wird dann wieder neu getreten. Dadurch wird ein Ineinanderfließen fremder Elemente vermieden, während gleichzeitig eine lückenlose Verbindung erzielt wird.

Somit heißt:

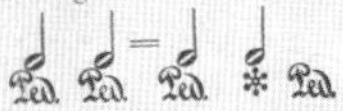

AVANT-PROPOS

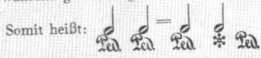

Toute les erreurs manifestes ont été simplement corrigées. Les transformations que l'éditeur a cru bon d'apporter au texte ont été gravées en petits caractères. Nous avon conservé sous ses traits fondamentaux l'indication du mouvement et du jeu, pour autant qu'elle est de Chopin. / Les arcs désignant la phrase ont été remplacés par les signes ⌐ et ¬ (commencement ou fin d'une pensée). / En général la pédale ne doit être prise qu'après la note marquée „Ped“. / On ne peut la prendre au momen de jouer la note marquée d'un „Ped“ qu'après un staccato ou une pause. / „'Ped signifie une pause générale des mains et de la pédale. Ensuite la pédale doit être prise même temps que la note. / Si deux signes „Ped“ se suivent l'un l'autre, il faut la la pédale au moment de toucher la ... note et la reprendre ensuite. De façon on évite de mêler des élémen... nes et l'on obtient une liaison pa

Lisez donc:

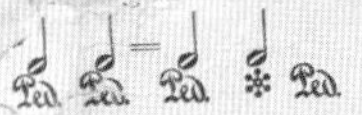

PREFACE

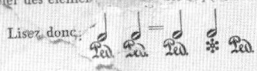

Obvious mistakes which were found in the text have simply been corrected. C held to be necessary by the Editor are indicated by small print. The execution as far as indicated by Chopin, have been generally retained. / Phrasing arcs placed by the marks ⌐ and ¬, i. e. beginning and close of a musical phrase. pedal is to be used, as a rule, after the note, below which the mark is set. / after a preceding staccato or a pause the pedal may be used simultaneously wit sound. / „'Ped“ means interpolating of a general hand- and pedal pause, where the pedal must be used simultaneously with the sound. / If two pedal marks c in succession the pedal has to be raised exactly together with the new note, and th pressed down again. A melting of heterogenuous elements is thereby avoided, and at the same time a flawless binding is effected.

Read therefore:

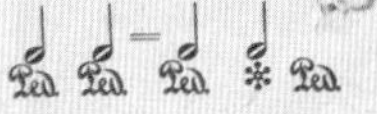

LEONID KREUTZER

Printed in Germany.

BALLADE

No. 1

千九百四十五年 終戦を迎えたとき弾いていた。

CHOPIN, Op. 23

a) Durch folgende rythmische Variante scheint uns der Ausdruck gesteigert werden zu können:
Il nous semble qu'on peut donner plus d'expression à ce passage en utilisant la variante suivante:
An increase of expression could be apparently produced by the following rhythmic variation:

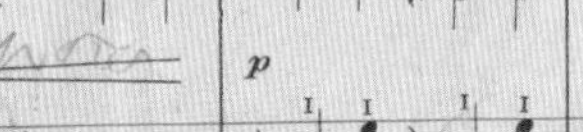

mp
marc.
pp
p
a tempo
u. p. rit.
agitato
by small
ly retains
close of a
which the
ased simu
and pedal pa
If two pedal n
th the new note, and
ements is thereby
g is effected.

piu mosso
brillante
marc.
marc.

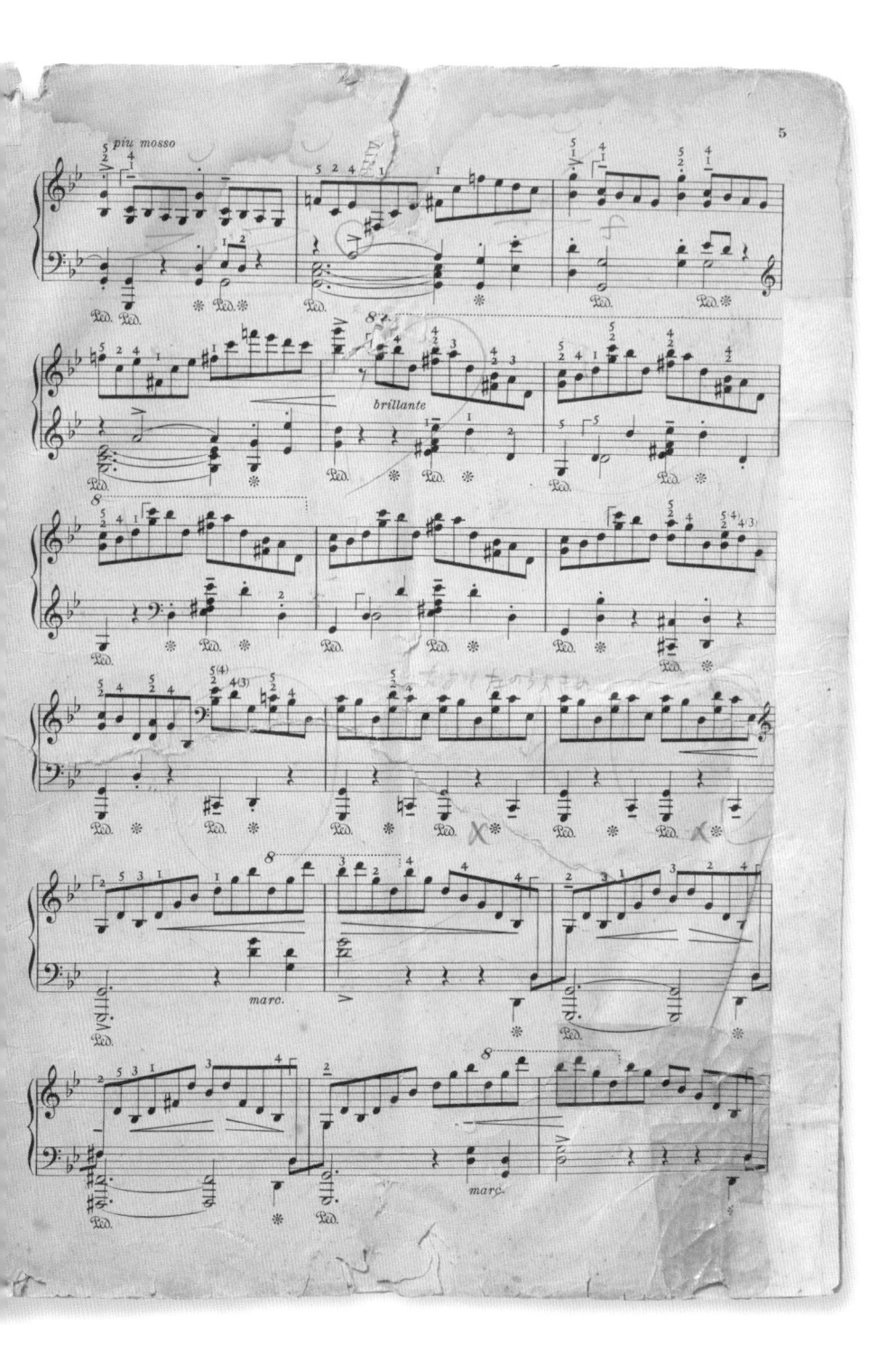

f sempre
marc.
MENO MOSSO
sotto voce
calando
stretto
rall.
a tempo
pp
dolce
tranq.

Ped.
rall.
a t.
p
cresc.

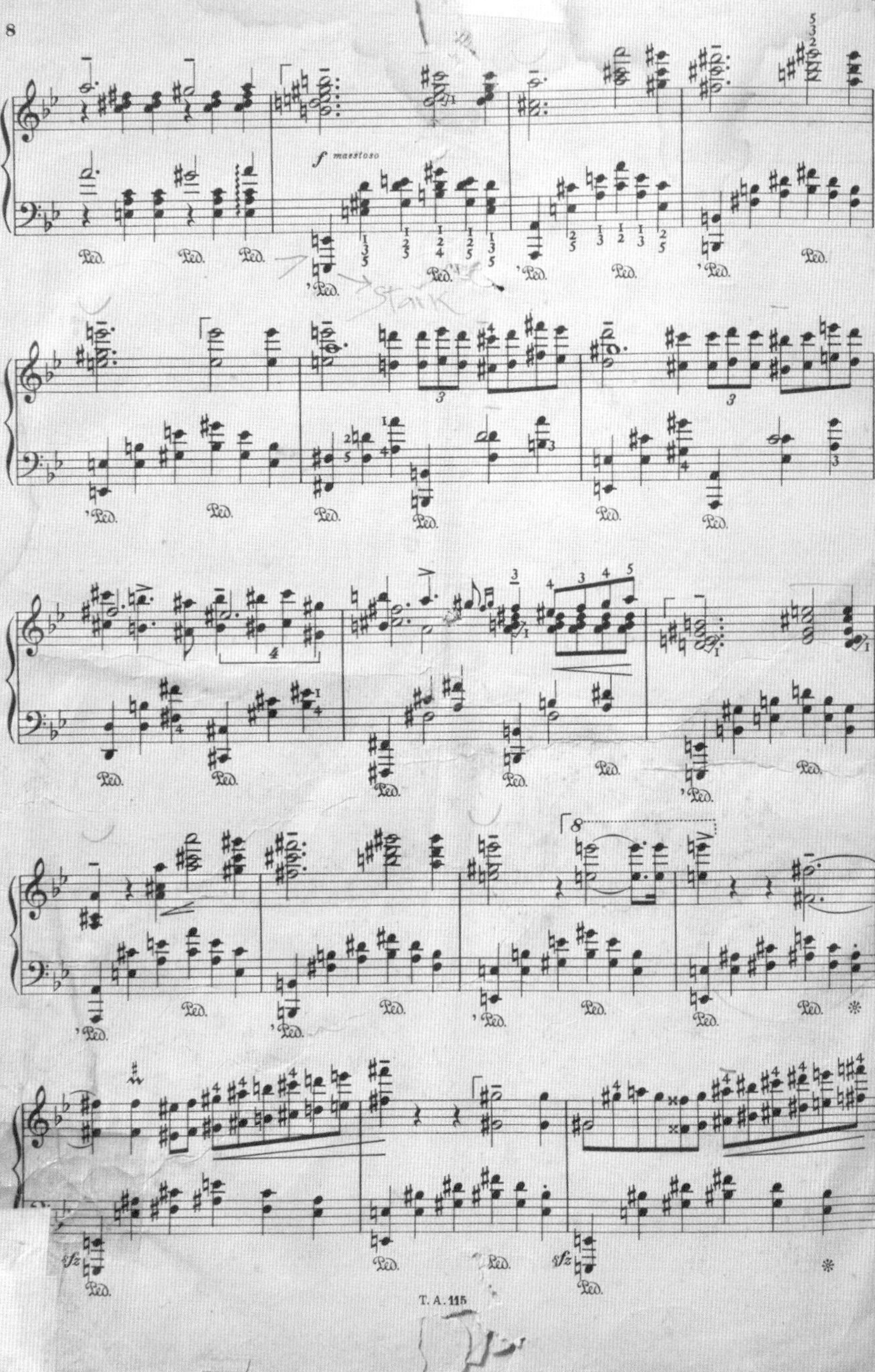
f maestoso
Ped.
Stark

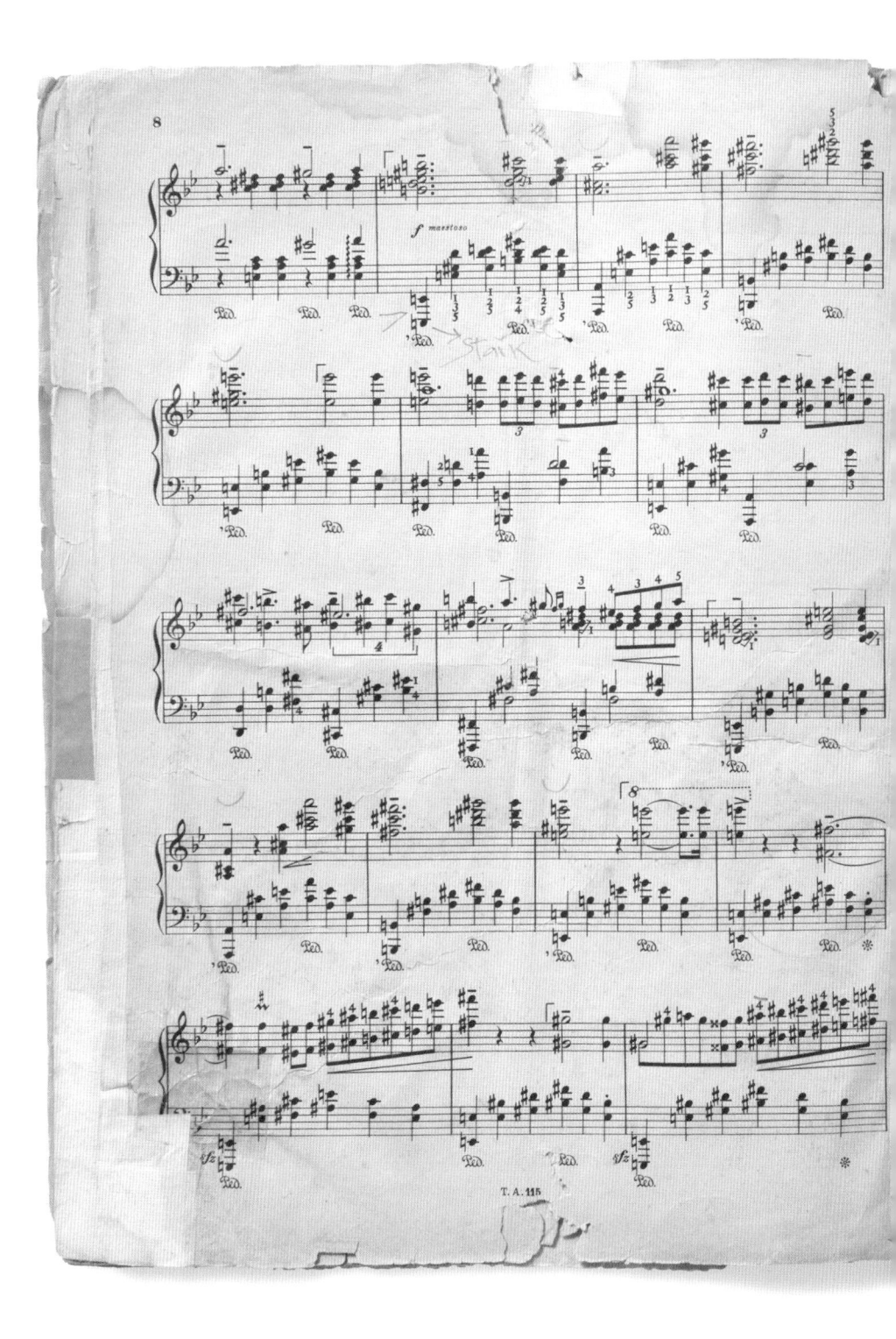

ff
m.s.
p più animato
(cresc.)
sopra
leggiero
p(f)
cal.
Ped.

a t. scherzando
tranq.
a t.
cresc.
f
marc.

marc.
marc.
p
cresc.
f
cresc.
f
mf

Ped.
f
tr
a)
tranq.
a t.
rillante

calando
MENO MOSSO
l.H.
rall.
p
cresc.
Ped.

appassionato e rubato
rall.
PRESTO CON FUOCO
f(ff)

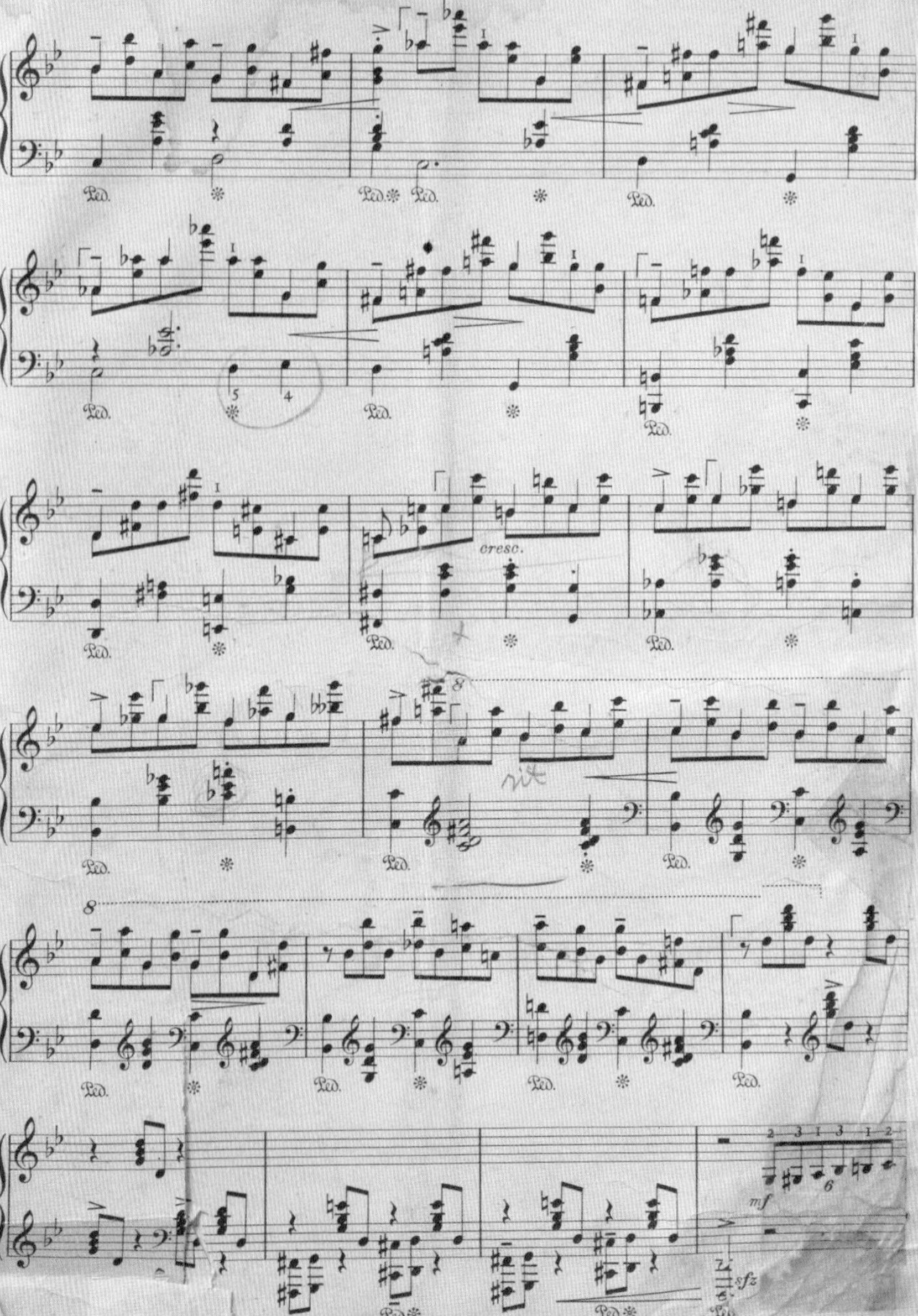
Ped.
cresc.
rit
mf
sfz
8

cresc.
marc.
ff
m.d.
m.s.
pp
cresc.
f
p
f stretto
pp
cresc.
p
stretto
ff rubato
accel.